Los antiguos mensajes del profeta Isaías en verdades contemporáneas

Los antiguos mensajes del profeta Isaías en verdades contemporáneas

Sesenta y nueve meditaciones matutinas

Libro Cuatro

Eleazar Barajas

Información de la imprenta disponible en la última página.

Fecha de revisión: 13/09/2018

Para realizar pedidos de este libro, contacte con:
Palibrio
1663 Liberty Drive, Suite 200
Bloomington, IN 47403
Gratis desde EE. UU. al 877.407.5847
Gratis desde México al 01.800.288.2243
Gratis desde España al 900.866.949
Desde otro país al +1.812.671.9757
Fax: 01.812.355.1576
ventas@palibrio.com
762241

ÍNDICE

Introduccion

AL LLEGAR HASTA este *Libro Cuatro*, al igual que los anteriores, hago la siguiente aclaración. Primero, aunque use el género masculino, no estoy descartando el femenino, sólo que por razones literarias escribo desde el punto de vista del varón. Pero, mujeres, ustedes también me han estado acompañando en este viaje, aunque no les llame por su sexo.

Segundo, yo espero que te hayas dado cuenta que el Dios del profeta Isaías era y sigue siendo un Dios que no defrauda en nada. Es un Dios que hace de los sueños realidades siempre y cuando uno esté en una buena relación con él. El Dios de Isaías y nuestro, no es como las autoridades de Pátzcuaro, Michoacán. México, las cuales le han frustrado un sueño a María Servín, una mujer luchadora y amorosa pero que su *sueño frustrado* se debe a que vive en un supuesto *pueblo mágico*.

La historia del *sueño frustrado* de María Servín, dice que: "La desesperación y la impotencia de su mirada contrastan con las delicadezas de sus movimientos. María Servín limpia sus lágrimas despacito, y mientras habla, sus palabras reflejan el verdadero problema que la aqueja: la corrupción y la indiferencia de las autoridades mexicanas, las que deberían de apoyarla a ella y a su familia".[1] María Servín es otra de las muchas mujeres que, buscando como salir adelante económicamente llegó a los Estados Unidos. El salario de su madre y de su hermana que sale con la venta de tamales no era suficiente para el sostén de la familia. Sus gastos son enormes: su padre tiene cáncer en la etapa terminal y tiene que pagar por sus medicinas. Además, tiene que pagar renta pues su casita de adobe que es de su propiedad no está en condiciones de ser habitada; a estos gastos hay que agregarles los necesarios para vivir y comer. "'Por eso vine, mi sueño es juntar dinero y arreglar nuestra casita', comenta María. 'Es un cuartito de no más de seis metros, pero quiero construirle otro piso, con el mismo material, de adobe, para que en la parte de arriba vivan mis padres y mi hermana, y en la de abajo puedan vender los tamales. Y que dejen de pagar renta', señala".[2]

Sin embargo, cuando María quiso tramitar el permiso para la construcción, el gobierno de Pátzcuaro, Michoacán, de donde es originaria, se lo negó. 'Me dijeron que Pátzcuaro es un pueblo mágico, de monumentos históricos y arqueológicos.' A mi hábleme con palabras que yo pueda entender', les dije', recuerda María.

---

[1]   Ellen Truax. Periódico La Opinión: Sección: Ciudad y california. Artículo: *Un sueño frustrado: Mujer michoacana vino a EU para lograr una meta en su propio país, con poca esperanza de lograrlo.* (Los Ángeles, California. Lunes 3 de octubre de 2005. Año 80. Número 18), 3A. www. laopinion.com

[2]   Ellen Truax. Periódico La Opinión: Sección: Ciudad y california. Artículo: *Un sueño frustrado: Mujer michoacana vino a EU para lograr una meta en su propio país, con poca esperanza de lograrlo.* (Los Ángeles, California. Lunes 3 de octubre de 2005. Año 80. Número 18), 3A. www. laopinion.com

Lo que María no entiende es, primero, cómo un cuartito
inhabitable puede estar considerado 'patrimonio' histórico, y
después, cómo es que en el terreno contiguo a su casa permitieron
la demolición de un edificio y la construcción de un hotel de
tres pisos, 'de concreto que es diferente a todos los edificios de la
calle. ¿Pero sabe cómo lo hicieron? Porque son americanos que
tienen dinero para pagar la 'mordida',[3] asegura".[4]

Como ya es costumbre o tradición, en mi bello país
mexicano – corrupto pero sigue siendo bello- las cosas se
consiguen con "mordidas". Entre mayor sea la "mordida", mayor
es el beneficio que recibe el da la "mordida". Si un perro en los
Estados Unidos y también en México muerde a una persona, es
posible que lo maten pero, si alguien da una "mordida" es posible
que lo alaben. Este caso de María es un ejemplo claro de lo que
digo. Las autoridades mexicanas de Pátzcuaro, Michoacán no le
concedieron a María su deseo por el hecho de no tener suficiente
dinero para la "mordida". Ante tal situación, como es lo lógico,
"María buscó el consejo de un abogado. 'El licenciado me dijo:
'Usted legalmente no va a poder hacer nada, pero si me da 250
mil pesos [cerca de 23 mil dólares, en 2005] yo le puedo dejar

---

[3]   El término "mordida" es usado para pagar a los funcionarios del
gobierno los servicios que están fuera de la ley. Por ejemplo: "El policía me
detuvo pero, pero le di una mordida". "El tramite iba lento pero, lo arreglé
a mordidas". Definición de mordida. (La Habra, California. Internet.
Consultado el 26 de agosto de 2017), 1.
http://www.urbandictionary.com/define.php?term=mordida

[4]   Ellen Truax. Periódico La Opinión: Sección: Ciudad y california.
Artículo: *Un sueño frustrado: Mujer michoacana vino a EU para lograr
una meta en su propio país, con poca esperanza de lograrlo.* (Los Ángeles,
California. Lunes 3 de octubre de 2005. Año 80. Número 18), 3A. www.
laopinion.com

el asunto arreglado'. Casi me pongo a llorar', recuerda".[5] ¡Eso es ser abusivos! ¡Eso es comerse al pobre en lugar de ayudarlo!

¡Qué frustración! ¡Qué rabia! ¡Qué dolor sentimental! ¡Qué impotencia! Compañero de viaje, a estas alturas tú ya sabes que el Dios de Isaías y nuestro, no es "un dios mágico", ni promete vivir en una "ciudad mágica", como supuestamente lo es la ciudad de Pátzcuaro, Michoacán, en la que nuestros sueños, deseos y ambiciones correctas se lleguen a frustrar. El Dios que nos ha estado presentando nuestro guía en este viaje espiritual promete una Patria Celestial en la cual todo anhelo, sueño y esperanza se hacen realidad para todos aquellos que creemos en Jesucristo como nuestro Salvador Personal. Es decir que, la Patria Celestial es una realidad para todos los redimidos por la sangre de Cristo Jesús.

Yo espero que tú, mi compañero de viaje, seas uno de todos los miles que gozaremos de todo el esplendor, pureza, gloria y majestad que se encuentran en la Patria Celestial, cuando todos nuestros sueños se hagan realidad. Y si aún no estás seguro de esa realidad, aquí tienes la última parte de estos Devocionales que te pueden ayudar a que tus sueños se vuelvan una realidad presente, así como también futura. Y, ¿sabes qué? Si en esta vida, el Dios de Isaías nos garantiza que nos puede consolar y ayudar con nuestros problemas, ¿no crees que lo hará mucho mejor allá, en la Patria Celestial? Allá, no tendremos que limpiar nuestras lágrimas, porque no las habrá, ni nuestro hablar reflejará problema alguno como las palabras de María. Todo lo

---

5   Ellen Truax. Periódico La Opinión: Sección: Ciudad y california. Artículo: *Un sueño frustrado: Mujer michoacana vino a EU para lograr una meta en su propio país, con poca esperanza de lograrlo.* (Los Ángeles, California. Lunes 3 de octubre de 2005. Año 80. Número 18), 3A. www. laopinion.com

contrario, nuestras lágrimas serán quitadas del todo y nuestras palabras anunciarán el gozo interior; ese gozo eterno de Dios, en nuestras vidas.

Así que, amigo, compañero en este viaje que en pocas horas termina, por favor, ¡no termines esta serie de estos cuatro libros con sueños que pueden ser frustrados! Medita, reflexiona, humíllate y actúa mientras estás leyendo este *Cuarto Libro* sobre tu presente, tu futuro inmediato y mucho más sobre tu futuro en el Más Allá. Y, recuerda: ¡Con el Dios del profeta Isaías, todos los sueños se hacen realidades presentes y futuras! Estos doce devocionales que te presento en este libro, te pueden ayudar para que tus anhelos y sueños se materialicen en tu vida. Así que, comencemos a meditar con el primer devocional de este libro.

¿Humillado?

El Señor Dios me ayuda, por eso no soy humillado,
por eso como pedernal he puesto mi rostro,
y sé que no seré avergonzado.

Isaías 50:7

ESTOY CONVENCIDO DE que a nadie nos gusta ser humillado. ¿Es verdad o me equivoco? Pues bien, de este asunto está predicando el Profeta Isaías justamente allí en donde los animales eran sacrificados en lugar de los habitantes que han pecado o que tienen algún sentir de haber sido humillados, o despreciados. ¡Allí está! Junto al Altar de los sacrificios en el Patio del Templo de Jerusalén. Acerquémonos para oír el mensaje que Dios le ha revelado en esta ocasión.

¿Lo alcanzaste a oír? Ha comenzado con una pregunta: "¿Qué es de la carta de repudio de vuestra madre, con la cual yo la repudié?[6] ¿De qué habla el profeta? Compañero, recuerda que: "La alianza entre Dios y su pueblo es, muchas veces, comparada a un casamiento (Jer 3.1; Ez 16; Os 2). Dios está diciendo que el hecho de que el pueblo hubiera sido llevado prisionero es una

---

6   Isaías 50:1, (RV).

especie de separación temporal, y no un divorcio",[7] Dios nunca ha abandonado a su pueblo, a su esposa amada. Recuerdas que el pueblo fue llevado en cautiverio por causa de sus malos pasos que, le causaron mucho dolor a Dios y, entonces, permitió que fuese cautivo, pero, ¡Dios nunca abandonó a su amada esposa; a su pueblo Israel! Lo siguió hasta el cautiverio; estuvo con su pueblo sufriendo juntamente con él: ¡Nunca los abandonó! El profeta le recuerda a la nació que su esposo está al pendiente de ella y listo para perdonarla y consolarla de la humillación que ha sufrido y, le dice: "Porque tu esposo es tu Hacedor, *Yahveh Sebaot* es su nombre; y el que te rescata, el Santo de Israel, Dios de toda la tierra se llama. Porque como a mujer abandonada y de contristado espíritu, te llamó Yahveh; y la mujer de la juventud ¿es repudiada? - dice tu Dios. Por un breve instante te abandoné, pero con gran compasión te recogeré. En un arranque de furor te oculté mi rostro por un instante, pero con amor eterno te he compadecido - dice Yahveh tu Redentor."[8]

Cuando recibimos halagos nos sentimos los más dichosos de este mundo, y esto es lo que veo entre el pueblo presente ante el profeta mientras escuchan estas palabras consoladoras de la boca del profeta Isaías. Halagos de parte de Dios.

Pero, cuando somos humillados hay un sentir de rechazo, de desesperación y en muchos casos hasta de odio y hostilidad: "La hostilidad es una fuerte emoción que a menudo proviene de una amenaza contra la posición social, estimación o bienestar físico del individuo. Los adultos suelen demostrar su hostilidad mediante arrebatos de ira y gritos. . . . La conducta hostil es

---

[7]   Nota en la Biblia de Estudio Esquematizada. Reina Valera. (Brasil. Sociedades Bíblicas en América Latina. 2000), 1069

[8]   Isaías 54:5-8, (BJ).

una reacción ante lo que nos estorba llegar a la meta. Cuando el individuo se siente amenazado en su sentido de seguridad o bienestar físico, puede que reaccione con ira y hostilidad".[9] Steve King, un Senador republicano en estados Unidos, festejó las deportaciones de los "soñadores" (*Dremers*) y, de inmediato la reacción de "ira y hostilidad" se manifestó entre los latinos que viven en Estados Unidos. Por ejemplo, Pedro, uno de los soñadores, dijo: "Congresista tonto, no se da cuenta que la droga la tiene en su patio. Pero aquí todo se paga. Hay un solo Dios". Juan, otro "soñador, comentó: "Steve King no tiene nada de norteamericano. Es un racista blanco".[10]

Esta conducta viene o resulta cuando sentimos que somos humillados y no tenemos una base sólida o una fuerza para defendernos y para ayudar; una fuerza o apoyo que nos ayude a controlar nuestras emociones, una fuerza como lo es el Dios del profeta Isaías. Cuando nos "paramos" sobre esa base, entonces podemos decir: "El Señor Dios me ayuda, por eso no soy ni seré humillado," Y por tal motivo, no respondo de una manera agresiva y defensiva. Todo lo contrario, pues, aunque me he dado cuenta de que, si han tratado de humillarme más de una vez como hispano que soy o por mis creencias, con Dios a mi lado, eso sólo ha sido una experiencia más en la vida cristiana normal.

Entonces, ¿puede un hijo de Dios ser humillado? Sí, si puede ser humillado, de la misma manera que el pueblo de Israel fue

---

9   Clyde M. Narramore. *Humillación*. Enciclopedia de Problemas Psicológicos. Trd. Fernando Villalobos. Novena Edición. Editorial Unilit. Miami, FL. 1970, págs. 98-99.

10   Editorial. Inmigración: *Republicano festeja deportación de Dreamer*. (Los Ángeles, California. Periódico La Opinión. Viernes 21 de abril de 2017), 11. laopinion.com

llevado al cautiverio a pesar de que tiene un Dios de todo poder. ¡Sí!, un hijo de Dios puede ser burlado y puede que traten de mantenerlo humillado. Pero al verdadero hijo de Dios, aunque haya sido humillado, sus agresores no lo podrán ver por mucho tiempo derrotado en su humillación, pues allí, es cuando Dios interviene con su ayuda y hace que aún su rostro sea tan duro como un pedernal.

La lectura, por ejemplo, del capítulo tres del Libro de Daniel muestra el cómo los enemigos de Daniel, Sadrac y Mesac estaban siendo atormentados por la envidia y los celos a causa de los cargos que Daniel y sus amigos tenían en el Palacio del rey Nabucodonosor. La envidia y los celos de los enemigos provocaron que humillaran a Daniel y a sus amigos. Los humillaron hasta causarles sentencias de muerte. El rey, por ese tiempo mandó construir una estatua de su figura; de oro puro fue hecha, de dimensiones exageradas: "... de veintisiete metros de alto por dos metros y medio de ancho, y mandó que la colocaran en los llanos de Dura".[11] Para su inauguración se ordenó que todo mundo la adorase con bailes al son de los instrumentos de música. Si alguien se negaba a hacerlo, sería arrojado a un horno en llamas. Los que se negaron a adorar a la estatua fueron Sadrac, Mesac y Abed-nego. Por su negativa fueron arrojados al horno en llamas.

Cuando Jesús fue llevado ante Pilato, sus enemigos, es decir, los sacerdotes de Jerusalén: "Acusaron a Jesús de querer proclamarse rey, aunque sabían muy bien que aquello era una mentira. El odio es una cosa terrible, y no duda en tergiversar

---

[11]   Daniel 3:1, (NVI).

la verdad".[12] Esto fue lo que les pasó a los siervos de Dios en Babilonia; la mentira se proclamó entre la verdad por causa de la envidia. Sin embargo, Daniel, Sadrac y Mesac, no solamente fueron salvados de ser consumidos por las llamas de fuego que estaban en el horno sino que, también fueron acompañados por el mismo Señor Jesucristo.

Cuando el rey se acercó al horno vio a cuatro personas dentro del horno y, entonces, dijo: "… Allí en el fuego veo a cuatro hombres, sin ataduras y sin daño alguno, ¡y el cuarto tiene la apariencia de un dios!"[13] El esfuerzo de los enemigos de Sadrac, Mesac y Abed-nego, al verse frustrado, deben de haberse vuelto más celosos, más envidiosos y con más enojo porque Daniel y sus amigos, no solamente fueron rescatados de la muerte por el fuego, sino que aun más, recibieron puestos más elevados de los que antes poseían.[14] ¡El verdadero hijo de Dios, aunque si puede ser humillado, allí en su humillación está su Dios para levantarlo!

Es bueno que nos demos cuenta que, aunque nadie nos puede causar mal cuando somos humillados, pues Dios interviene en nuestra ayuda, en lugar de volvernos arrogantes y seguros en sí mismos, mejor es seguir el consejo del escritor sagrado cuando dijo: "Humillaos en la presencia del Señor y Él os exaltará".[15]

---

[12]   William Barclay. *Juan II: Volumen 6: Comentario al Nuevo Testamento.* (Terrassa (Barcelona), España. Editorial CLIE. 1996), 268.

[13]   Daniel 3:25, (NVI).

[14]   Daniel 6:1-2.

[15]   Santiago 4:10, (RV).

Se Abre Una Puerta

Prestadme atención, pueblo mío, y oídme, nación mía; porque de mi saldrá una ley, y estableceré mi justicia para luz de los pueblos.

Cerca está mi justicia, ha salido mi salvación, y mis brazos juzgarán a los pueblos; por mí esperan las costas, y en mi brazo ponen su esperanza.

Alzad vuestros ojos al cielo, y mirad la tierra abajo; porque los cielos como humo se desvanecerán, y la tierra como un vestido se gastará.

Sus habitantes como mosquitos morirán, pero mi salvación será para siempre, y mi justicia no menguará.

Escuchadme, vosotros que conocéis la justicia, pueblo en cuyo corazón está mi ley. No temáis al oprobio del hombre, ni os desalentéis a causa de sus ultrajes. Porque como a vestido se los comerá la polilla, y como a lana se los comerá la larva. Pero mi justicia durará para siempre, y mi salvación por todas las generaciones.

(Isaías 51: 4-7).

GUERRAS, MUERTES, ANGUSTIA, desolación, destrucción, dolor y desesperación ha estado experimentando la nación de Israel por largos años.

Hasta ahora, nosotros, sí, nosotros, tú y yo, compañero de viaje, y tú mi amigo o amiga lector, en el transcurso de estos días, hemos sido testigos de algunas de esas guerras, de esas muertes, de esa angustia, de esa desolación, de ese dolor y de esa desesperación mientras nos encontramos, en espíritu, en Jerusalén.

Mitchell G. Bard, quien no estaba en espíritu en esta zona sino en cuerpo alma y mente, en su *"Mitos y Realidades: Una guía para el conflicto árabe-israelí"*, dice que: "El 6 de diciembre de 1987, un israelí fue muerto a puñaladas mientras hacía compras en Gaza".[16] Este incidente causó la muerte de cuatro palestinos. Los sucesos de sospecha y muerte llegaron hasta la mañana del 9 de diciembre cuando "estallaron motines en Jabalya, durante los cuales un joven de 17 años resultó muerto por un soldado israelí luego que le arrojara un coctel Molotov a una patrulla del ejército. Esto no tardó en provocar una oleada de disturbios que envolvió la Cisjordania, Gaza y Jerusalén".[17] Mitchell, de sus 411 páginas de su libro usa 351 para hablar de los mitos y las realidades problemáticas que rodean a Israel.

Compañero, como ya lo has notado, esta zona es un área de GUERRAS, MUERTES, ANGUSTIA, desolación, destrucción, dolor y desesperación.

Pero también hemos sido testigos de que en medio de todo lo que ha estado aconteciendo en esta nación; en medio de toda su

---

[16] Mitchell G. Bard. *"Mitos y Realidades: Una guía para el conflicto árabe-israelí"*. Trd. Vicente Echerri. (USA. Editorial American-Israelí Cooperative Enterprise (AICE). 2003), 212.

[17] Mitchell G. Bard. "Mitos y Realidades: Una guía para el conflicto árabe-israelí". Trd. Vicente Echerri. (USA. Editorial American-Israelí Cooperative Enterprise (AICE). 2003), 212.

negrura, surge un rayo de luz; un rayo de esperanza para todos aquellos que siguen "la justicia, los que (buscan) al Señor".[18] Ellos son los que "ciertamente el Señor consolará",[19] pues es para ellos que, ¡SE ABRE UNA PUERTA! Pero, no solamente para ellos, sino también para nosotros, los que creemos en Jesucristo como nuestro Señor y Salvador, también para nosotros, ¡SE ABRE UNA PUERTA! Y entonces, en aquel día, el "pueblo" de Dios, la "nación" del Señor sobre la cual se habrá establecido la justicia divina "para (dar) luz (a) los pueblos," dirá:

A la Tierra Marchamos

A la tierra marchamos do viven los santos
En gozo y gloria y honra inmortal,
Y tú, que sin Dios corres presto a la muerte,
¡Oh! di: ¿Quieres ir al Edén celestial?

¿Quieres ir? ¿Quieres ir? (Bis)
¡Oh! di: ¿Quieres ir al Edén celestial?[20]

¡Oh! . . . *¿Quieres ir al Edén celestial?* ¡Yo sí quiero ir! Y tú, mi amigo o mi amiga lector, ¿tú también quieres ir? Yo sé que sí quieres ir, ¿Verdad que sí? Pues bien, toma en cuenta que la puerta de abrirá y en ese día nos dará el acceso a la misma presencia de Dios. Es más, desde el momento en que llegamos a conocer la justicia de Dios; es decir, en ese momento en que llegamos a ser un "pueblo en cuyo corazón está la ley" del

---

[18]　Isaías 51:1.

[19]　Isaías 51:3.

[20]　*A la Tierra Marchamos*. Sin nombre de autor. Himno Número 3. Himnos y Cánticos del Evangelio. Distribuidora Internacional de Materiales Evangélicos: DIME. Cupertino, CA. Sin fecha

Dios de Isaías, desde ese momento somos recipientes de una "LLUVIA DE BENDICIONES" celestiales.

En ese momento, ¡SE ABRE UNA PUERTA celestial la cual deja salir innumerables bendiciones para nosotros! Cuando esa puerta celestial se abre, las guerras, las muertes, la angustia, la desolación, la destrucción, el dolor y la desesperación pasan a ser historia. El compositor Daniel W. Whittle expresó este pensamiento en su Himno titulado: "LLUVIAS DE GRACIA", al decir que:

"Dios nos ha dado promesa: lluvias de gracia enviaré;
Dones que os den fortaleza; gran bendición os daré.

Lluvias de gracia, lluvias pedimos, Señor.
Mándanos lluvias copiosas, lluvias del Consolador".[21]

Muchos años atrás, Isaías había dicho a su gente que: "Ciertamente , el SEÑOR consolará a Sion, consolará todos sus lugares desolados; convertirá su desierto en Edén, y su yermo en huerto del SEÑOR; gozo y alegría se encontrarán en ella, acciones de gracias y voces de alabanza"[22] Entre tanto, Daniel W. Whittle rogaba a Dios, diciendo: "Muestra, Señor, al creyente todo tu amor y poder;" y con esa petición, nos preguntamos, ¿mostró el Señor todo su "amor y poder" a Israel? ¡Claro que sí! ¿Ha mostrado Dios todo su "amor y poder" en nuestro tiempo? ¡Por supuesto que sí!

Ahora bien, ¿será posible que Dios siga mostrando su "amor y poder" a las generaciones venideras, hasta aquel día

---

[21]   Daniel W. Whittle. *Lluvias de Gracia*. Himnario Bautista. Himno Número 265. Casa Bautista de Publicaciones. El Paso, Texas. 1980.

[22]   Isaías 51:3, (RV).

en que crucemos por la puerta celestial? De eso no hay nada de duda en la mente del profeta Isaías y en los escritores del Nuevo Testamento, pues su 'justicia durará para siempre, y (Su) salvación por todas las generaciones".[23]

Si la misericordia, amor y poder de Dios llegan hasta estas alturas, entonces, pues, ¿qué hacer mientras llega el momento; mientras llega el día glorioso en que se abra la puerta celestial y el Señor Jesucristo nos llame a cuentas? Una sola cosa hay por hacer; asegurarnos de que nuestros nombres estén escritos en el libro de la vida,[24] de tal manera que, estando allí, en la presencia del Cordero que fue inmolado, es decir, de Jesucristo, acompañado de su Padre y del Espíritu Santo, podamos responder con fuerte, clara y emocionante voz, diciendo: ¡PRESENTE!

¿Cuándo expresaremos tan emocionante expresión? ¡"Cuando allá se pase lista"! – es la respuesta que nos da el compositor James M. Black-. En su famoso himno que lleva este título, confiado en que cuando parta de esta Esfera Terrenal a la Esfera Celestial para encontrarse ante la presencia de Jesucristo y, esperar que llegue el momento de abrir los libros, con su seguridad de la salvación que ha encontrado en Jesucristo, dice que: "Cuando la trompeta suene en aquel día final, . . . Cuando las naciones salvas a su patria lleguen ya,. . ."[25] - James M. Black, está seguro de que entre esa congregación él va a estar presente y

---

[23]   Isaías 58:1b, (NVI).

[24]   Apocalipsis 3:5; 13:8; 20:12.

[25]   James M. Black. Trd., J. J. Mercado. *Cuando allá se pase lista*. Himnario Bautista. Himno Número 504. Casa Bautista de Publicaciones. El Paso, Texas. 1980.

por eso afirma: "... allí he de estar. Y, cuando allá se pase lista,
a mi nombre yo feliz responderé".[26]

¡Aleluya! ¡Gloria Dios! Las guerras, las muertes, la desolación,
la angustia, el dolor y la desesperación habrán de quedar en el
pasado, en la historia que nunca jamás será contada en los cielos,
¡HABRÁN DE QUEDAR EN EL OLVIDO! "Las costas"
esperan ese día poniendo en el "brazo" de Dios "su esperanza",
tal parece que ellas saben que, en ese día, "los cielos como humo
se desvanecerán, y la tierra como un vestido se gastará." Es pues
un día en el que el Señor pondrá su "salvación... para siempre,
y (Su) justicia no menguará" nunca jamás. ¿Por qué? Porque
por la misericordia de Dios, los justos, aquellos que prestamos
atención a los consejos divinos, a nosotros los que creemos en
Jesucristo se nos hará justicia. Y así, por esa misma misericordia
de Dios, llegaremos al cielo y llegaremos porque, para nosotros,
¡SE ABRE UNA PUERTA!

En todos estos años de GUERRAS, MUERTES,
ANGUSTIA, desolación, destrucción, dolor y desesperación en
que ha estado la nación de Israel, Dios, en este capítulo cincuenta
y uno de Isaías, le da a su amado pueblo palabras de aliento;
son palabras consoladoras que son recibidas por el alma de cada
uno de los habitantes de Israel como un bálsamo que cura sus
heridas; como fresca agua en medio de la sequedad del desierto.
Son palabras que alientan al pueblo que ha estado por largos
años bajo la presión y angustia de GUERRAS, MUERTES,
desolación, destrucción, dolor y desesperación.

---

[26]   James M. Black. Trd., J. J. Mercado. *Cuando allá se pase lista*. Himnario
Bautista. Himno Número 504. Casa Bautista de Publicaciones. El Paso,
Texas. 1980.

Compañero, esto me recuerda que en nuestro terruño también existen problemas; gente buscando una solución, es gente que espera que alguien les abra una puerta para ayudarles con sus problemas. Uno de los serios problemas, en este año 2017 en Estados Unidos es: ¡Inmigración! Con la llegada de Donald Trump a la Casa Blanca: "Varias ciudades de California planean resistirse a colaborar en las posibles – ya no son posibles, es una realidad- deportaciones que prometió Donald Trump".[27] En vista de este problema, para los habitantes de Santa Ana, California se les abrió una puerta por la cual pueden entrar y encontrar dentro de la ciudad un refugio, pues: "El pasado 6 de diciembre (de 2016), el consejo votó 5-0 para adoptar una resolución declarando a la ciudad un 'santuario para todos sus residentes, sin importar su estatus migratorio.'"[28]

En los tiempos del Siglo I de la Era Cristiana, los habitantes de Palestina que, en ese entonces, se encontraban bajo la presión del imperio romano, algunos de ellos escucharon las benditas y consoladoras palabras de Jesucristo, cuando les dijo: ". . . "Esto les aseguro: Yo soy la puerta por donde pasan las ovejas."[29] ¿Entendieron sus oyentes estas palabras? ¡Por supuesto que sí! Israel era una nación en un alto porcentaje pastoril, así que ellos sabían que: "Las ovejas salen por la puerta para ser nutridas,

---

[27]   Grace Wyler. Ciudades santuario: ¿Protección o simbolismo? (California. Periódico Excélsior. Semana del 30 de diciembre de 2016), 1. www.ocexcelsior.com

[28]   Grace Wyler. *Ciudades santuario: ¿Protección o simbolismo?* (California. Periódico Excélsior. Semana del 30 de diciembre de 2016), 1. www. ocexcelsior.com

[29]   Juan 10:7, (NVI).

y entran para recibir protección".[30] La lección o enseñanza que Jesús les dio fue que: "En forma semejante, Jesús ofrece el único medio para protección y sustento espiritual".[31] Es decir que: "Jesús es el único camino a la salvación", porque él es, no solamente el que abre la puerta, sino que él mismo es la Puerta.[32]

---

[30]   Comentario a Juan 10:7 en la Biblia de las Américas. (Nashville, Tennessee. Editada por B&H Publishing Group. Impresa en China. 2000), 1470

[31]   Comentario a Juan 10:7 en la Biblia de las Américas. (Nashville, Tennessee. Editada por B&H Publishing Group. Impresa en China. 2000), 1470

[32]   Juan 10:9.

¡Despierta!

DESPIERTA, despierta, vístete de tu poder, oh
Sion; vístete de tus ropajes hermosos, oh Jerusalén,
ciudad santa.
Porque el incircunciso y el inmundo no volverán
a entrar en ti. Sal del polvo, levántate, cautiva de
Jerusalén; líbrate de las cadenas de tu cuello, cautiva
hija de Sion.
. . . Por tanto, mi pueblo conocerá mi nombre; así
que en aquel día comprenderán que yo soy el que
dice: "Heme aquí."
. . . Porque delante de vosotros irá el SEÑOR, y
vuestra retaguardia será el Dios de Israel.

Isaías 52:1-2; 6; 12b.

¡**B**UENOS DIAS, COMPAÑERO! ¡Buenos días!
El sol está por alúmbranos con sus calientes rayos
solares. El profeta Isaías no tardará en dar otro
mensaje a su pueblo, vamos hacia su residencia.

¡Allí está!, llegamos justo a tiempo. El profeta se encamina
hacia una de las puertas de la ciudad, nosotros caminamos
tras él. Llega a *La Puerta de las Ovejas.* Respira un poco y
de inmediato comienza su discurso, diciendo: "DESPIERTA,

despierta, vístete de tu poder, oh Sion; vístete de tus ropajes hermosos, oh Jerusalén, ciudad santa".[33]

Compañero, estas palabras del profeta me han hecho recordar una experiencia mañanera en la ciudad de la Habra, California. Te la cuento antes de que se me olvide. Los días jueves trabajaba para la empresa *Trader Publishing Company*; era una compañía de revistas. En esos días me despertaba a las 2:30 a.m. para iniciar mi trabajo. En mi recámara tenía dos relojes; uno electrónico con música y el otro de cuerda con un timbre muy ruidoso. El ruidoso estaba con la alarma puesta a las 2:30 a.m. mientras que el electrónico a las 2:40 a.m... Entre ambos, cada mañana me decían, cada uno en su propio lenguaje: ¡"Despierta! ¡Es hora de irse a trabajar"! El jueves 14 de enero de 1999, por alguna razón que hasta ahora desconozco, ¡los relojes no sonaron! Confiado en ellos, como siempre, dormía tranquilamente.

Sin embargo, por otra razón, que aun tampoco me la explico, mi esposa despertó exactamente a las 2:45 a.m. y de inmediato me habló, diciéndome: "Despierta", ¿no vas a ir hoy a trabajar? ¡Son las dos cuarenta y cinco de la mañana"! De inmediato me levanté corriendo, arrojé las cobijas, me di el baño más rápido de mi vida. Me vestí con la ropa de trabajo a toda velocidad. Tomé mis herramientas de trabajo; mis lentes, un lapicero y mi calculadora. Me liberé por completo del sueño con un café bien cargado y salí corriendo para cumplir con el trabajo que me requería la *Trade Publishing Company*.

"Despierta, despierta", son las palabras del profeta Isaías que acabamos de oír. Son las palabras que dirigió a su pueblo

---

[33]   Isaías 52: 1ª, (RV).

Israel. Él sabía, por revelación divina, que su pueblo iría a un cautiverio. Ya nosotros y el pueblo israelita también sabemos acerca de ese acontecimiento por los capítulos anteriores, pero ahora les anima a que cuando estén allá en el cautiverio, allá mismo despierten y tomen en cuenta que Dios; su Dios amante, nunca los abandonará, sino que El estará pendiente y, cuando llegue la hora de la libertad, El mismo dará el toque de alarma para levantarse, vestirse y salir; Él no se dormirá ni dejará de "sonar" su alarma a la hora exacta.

Mientras hacia el esfuerzo por no dormirme a esta hora de la mañana en Jerusalén (4:00 a.m.), y escuchaba, en el espíritu, las palabras de Isaías y veía, por el mismo medio, al pueblo de Israel "dormido en sus laureles" a pesar de que ya muy pronto se aproximaban a las consecuencias terribles de un cautiverio, pensé en las terribles consecuencias del *sueño espiritual*.

Uno de los "Sueños espirituales" es la adaptabilidad a las costumbres sociales, morales y espirituales de los que nos rodean y que están en contra de la voluntad de Dios. El que está dormido está ajeno al tiempo y a las circunstancias. El pueblo de Israel casi había conquistado toda la tierra que Dios les había prometido. Pero, se "durmieron espiritualmente" y entonces, de acuerdo al *Libro de los Jueces*, los pueblos que quedaron sin conquistar se despertaron mientras Israel estaba dormido espiritualmente. Uno de los episodios de esa época dice que cuando murió Ajor, uno de los jueces, "los hijos de Israel volvieron a hacer lo malo delante de Yahweh",[34] y por esa razón, Dios permitió que Nabín, un rey cananeo junto con su capitán de nombre Sísara los conquistara y los subyugara durante veinte años. En esa crisis social, el pueblo clamó a Dios por ayuda. Un

---

[34] Jueces 4:1, (BP).

buen día la profetiza Débora y Barac, un guerrero de la tribu de Neftali, animados por Dios mismo, vencieron a Nabín y a Sísara.[35] Después de la victoria contra Nabín, Débora y Barac entonaron un canto de victoria en el que Dios es honrado y adorado por los vencedores. En ese canto hacen memoria del llamamiento de Dios a la guerra con las siguientes palabras: "¡Despierta, despierta, oh Débora, despierta, profetiza y entona un cántico! ¡Levántate Barac, captura a tus cautivos, oh hijo de Abinam!"[36]

El mejor despertador cuando estamos dormidos espiritualmente es el Señor que despertó a Débora y a Barac.

Un segundo "Sueño espiritual" es la idolatría. El mismo libro de los Jueces nos cuenta la historia de cuando el pueblo de Israel, que nuevamente había abandonado a Dios para dedicarse a adorar a Baal[37] y a Asera,[38] ídolos de los moabitas y amalequitas. Al dejar a un lado el Dios que los había sacado de la tierra de Egipto, el pueblo cayó en la idolatría. ¡Se "durmieron espiritualmente! En esa condición idolátrica, Dios, los entregó a sus enemigos. La historia nos dice que Israel era oprimido por

---

[35]   Jueces 4:2-24.

[36]   Jueces 5:12, (BP).

[37]   **Baal**. Señor de la religión cananea, considerado el dios de las tormentas, y se lo adoraba como dios de la fertilidad. (Nashville, Tennessee. *Diccionario Bíblico Ilustrado Holman*. Publicado por B&H Publishing Group. 2008), 186.

[38]   **Asera**. Diosa de la fertilidad y madre de Baal cuya adoración se concentraba en Siria y Canaán e incluía objetos de madera que la representaban. Asera se traduce a veces con el sustantivo propio "Astarot". (Nashville, Tennessee. *Diccionario Bíblico Ilustrado Holman*. Publicado por B&H Publishing Group. 2008), 158.

los madianitas, por los amalequitas y por los descendientes de Requín.[39]

La misericordia de Dios se hace presente – como siempre lo ha hecho, pues Dios, el Dios de la Biblia nunca deja a sus hijos abandonados -. El Señor envía a su Ángel para hablar con Gedeón, un hombre de la tribu de Manases y el menor de toda sus familia pero, un hombre valiente y esforzado. Dios, por medio de su Ángel, lo llama para defender al pueblo de la opresión de los tres poderosos pueblos que los mantenían temerosos, hambrientos, pobres económicamente y refugiados entre las montañas. Su llamado se inicia con quitar la idolatría de la misma casa de su padre, quien tenía un altar al dios Baal y a la diosa Asera. Dios quiere usarnos para ser libres pero antes debemos despojarnos de toda clase de idolatría: ¡La idolatría es una clase de esclavitud! Compañero, si no me crees, solamente analiza nuestra condición política y religiosa como hispanos, ¡somos esclavos a causa de la idolatría!

¡Ah, pero cuando alguien quiere liberarnos de la idolatría pegamos el grito! Dios le dijo a Gedeón que derribara el altar que estaba en la casa de su padre. Lo hizo de noche por temor al pueblo. Al día siguiente, cuando el pueblo se dio cuenta de que el altar de Baal y Asera había sido derribado, se encendieron en ira contra Gedeón y su familia. ¡Pegaron el grito! El "Sueño de la idolatría" estaba tan profundo en sus vidas que aun querían matar a Gedeón por lo que había hecho.[40] La Biblia dice que "los hombres del pueblo dijeron a Joás: saca a tu hijo para que

---

[39]   Jueces 6:1-3.

[40]   Jueces 6:4-29

muera pues ha derribado el altar de Baal y ha cortado la Asera
que estaba junto a él".[41]

El "Sueño de la idolatría" ha matado infinidad de hijos en
el correr de la historia de este mundo, no solamente en América
latina sino también en los otros Continentes. Gedeón, liberó
a los israelitas de este mal y con ello también de la esclavitud.
Además de que Jesucristo dijo que había venido para que la
humanidad tuviera vida en abundancia,[42] también dijo que al
conocer la verdad – la verdad que se encienta en la Biblia, en la
Palabra de Dios-, seríamos completamente libres.[43] Esta libertad
incluye el ser libres de la idolatría. Compañero, la decisión es
nuestra; o seguimos durmiendo en la idolatría o viviendo en la
libertad que solamente Jesucristo nos puede dar.

Otro de los "Sueños espirituales" es la tradición. Pensando
en este segundo "sueño", de inmediato dejé al profeta Isaías, a
mi compañero de viaje y a la gente en Jerusalén y me trasladé en
mi mente y espíritu, al estado de Puebla, México. Y allí, llegué
a la *Iglesia Bautista de El Seco*. Ella era una pequeña iglesia de
apenas dieciséis miembros más uno que otro simpatizante. El
Seco, Puebla, era un pueblo polvoriento; caluroso durante el
verano y frío en el invierno. Conocí este pueblo en los años 70s.
Allí estuve pastoreando ese pequeño redil por casi año y medio.

Pues bien, allí en aquella iglesia de *El Seco* encontré un claro
ejemplo de lo que Isaías experimentó con su gente. ¡Allí encontré
lo que era el "sueño tradicional"! El rebaño había aprendido
a hacer un programa de los cultos muy bien elaborado. Pero,

---

[41]   Jueves 6:30, (BP).

[42]   Juan 10:10

[43]   Juan 8:32.

había un serio problema en ese programa; por unos veinte años nunca se había modificado sustancialmente. ¡Era casi el mismo programa cada domingo por la mañana! Claro está, esos ligeros cambios mostraban que todavía había algo de vida en la comunidad cristiana, de lo contrario ya sería el máximo extremo, algunos Himnos y la lectura bíblica se cambiaban de vez en cuando.

¿Qué cual era ese programa? Aquí está:

Programa Dominical

1.- Oración de invocación.
2.- Himno # 1: "*Santo, Santo, Santo*".
3.- Lectura bíblica.
4.- Himno (intercambiable).
5.- Ofrenda y avisos.
6.- Himno (intercambiable).
7.- Oración de intercesión.
8.- Mensaje.
9.- Himno # 529: "*A Dios el Padre Celestial*".

Toma en cuenta, mi estimado compañero que, el "sueño" de la tradición es rutinario y... ¡la rutina mata! De allí pues la razón de la insistencia de Dios por medio del profeta Isaías: "*Despierta, despierta*". Dios le estaba diciendo a su pueblo: ¡Estás en peligro! Abre bien tus ojos y manos a la acción. ¡Dios quiere restaurarte! Ese es el deseo de Dios; restaurar, es decir, sacar de lo tradicional o de aquello que nosotros consideramos como verdades bíblicas y por eso las practicamos. La historia de la Iglesia nos asegura que: "Hubo tres periodos históricos en los que se realizaron muchos cambios a las practicas cristianas más corrientes: en la época de Constantino, durante las décadas que rodearon a la Reforma protestante, y durante el periodo de avivamiento de los siglos dieciocho y diecinueve".[44] Fueron valiosos cambios en los cuales la iglesia tomó un nuevo sentir de adoración; Jesucristo fue exaltado como la Cabeza de la Iglesia pero las practicas que se siguieron en los cultos, muchas de ellas, llegaron a ser dogmas. Es decir, las normas de las prácticas, con el tiempo, se volvieron rutinas. Con los años, hemos llegado a pensar que "esas rutinas son de origen bíblico".[45] Sin embargo, cuando se lee a conciencia el Nuevo Testamento se nota que, la mayoría de ellas "están completamente fuera del encuadre bíblico".[46] Necesitamos, en el siglo veintiuno reflexionar sobre esas prácticas culticas que domingo a domingo celebramos y también sobre las que celebramos durante la semana. Yo lo hice en *la Iglesia Bautista* del Seco, Puebla. Cuando comencé a hacer algunos cambios, lo hice con mucho cuidado y astucia, pues, a decir verdad, los tres hermanos más ancianos de la iglesia, eran muy fuertes en la tradición. Al cabo de unos meses, el programa se había modificado y de inmediato comenzamos a ver los resultados positivos. Claro está que no faltó la pregunta del presidente de los ancianos o diáconos, diciéndome: "¿Por qué en estos días no ha seguido *El Programa Dominical*?"

[44] Frank Viola y George Barna. *Paganismo. ¿En tu cristianismo? Explora las raíces de las prácticas de la iglesia Cristiana.* En la Introducción: ¿Qué le sucedió a la Iglesia?, por George Barna. (Miami, Florida. Editorial Vida. 2011.), XXVIII.

[45] Frank Viola y George Barna. *Paganismo. ¿En tu cristianismo? Explora las raíces de las prácticas de la iglesia Cristiana.* En la Introducción: ¿Qué le sucedió a la Iglesia?, por George Barna. (Miami, Florida. Editorial Vida. 2011.), XXVIII.

[46] Frank Viola y George Barna. *Paganismo. ¿En tu cristianismo? Explora las raíces de las prácticas de la iglesia Cristiana.* En la Introducción: ¿Qué le sucedió a la Iglesia?, por George Barna. (Miami, Florida. Editorial Vida. 2011.), XXVIII.

En fin, con ese sencillo cambio, Dios restauró Su iglesia en *El Seco*, Puebla, pues al cabo de casi el año y medio de mi estancia en esa iglesia, la membrecía ascendió a más de cuatro veces; ¡hubo un aumento cuadruplicado!, y la asistencia a los cultos con los simpatizantes aun fue mayor.

Cuando despertamos y nos vestimos del poder, la unción y la dirección del Espíritu Santo, El hará la voluntad de Cristo y del Padre Dios en Su iglesia y en cada uno de nosotros. Por eso, mi amigo, mi hermano, quien quiera que seas tú, ¡*despiértate*!, ¡*vístete*! Sí, despierta si estás metido en el "sueño" espiritual o en el tradicional y "vístete" con la justicia, la gloria y el poder del Señor Jesucristo.

Seguramente que ahora ya te estás preguntando: ¿Para qué me despierto? Y en cierto sentido eso es muy cierto. ¿Para qué despertarnos si estamos contentos con lo que hacemos? Yo podría haber dicho aquel catorce de enero de 1999: "Bueno, ya es muy tarde, hoy no voy a trabajar". Podría haberme quedado en cama durmiendo otras horas más, pero, sufriría las consecuencias. Para mí, si no trabajaba el día jueves, era en primer lugar, una semana de trabajo, pues era el único día que trabajaba para *Trade Publishing Company*. Segundo, era arriesgar mi fuente de ingresos; pues solamente teníamos derecho a faltar tres veces al año, no importaba si uno se enfermara o saliera de vacaciones.

Así mismo, en la vida espiritual, caer en el sueño religioso o tradicional se corre el peligro de que el cielo cierre sus puertas y que las promesas de Dios se vuelvan obsoletas para el que está durmiendo en "sus laureles". Segundo, se corre el riesgo de que no exista una verdadera adoración al Señor de los cielos; a Jesucristo y, por ende, no venga la bendición de lo Alto.

Por eso, mi estimado compañero, el llamado urgente de Dios es: *"Despierta, despierta"*. Si tienes que poner dos relojes espirituales para que te despierten, ¡pues hazlo!

Ahora bien,. . .

¿Qué debo hacer al despertar?

I.- VÍSTETE DEL PODER QUE DIOS TE HA DADO.

"Vístete de poder"[47], es la recomendación que el profeta le hace a Sion: es decir, a los habitantes de Jerusalén. Esto me hace pensar en las vestiduras o armadura de Dios que Pablo hace referencia en Efesios capítulo seis. Después de que Pablo habla de los deberes filiales[48] y de los deberes de los esclavos y de sus amos[49], pasa a decirles a los cristianos de Éfeso que deben de vestirse con la armadura de Dios. Sus recomendaciones son:

"Por último, fortalézcanse con el gran poder del Señor. Pónganse toda la armadura de Dios para que puedan hacer frente a las artimañas del diablo. Porque nuestra lucha no es contra seres humanos, sino contra poderes, contra autoridades, contra potestades que dominan este mundo de tinieblas, contra fuerzas espirituales malignas en las regiones celestiales. Por lo tanto, pónganse toda la armadura de Dios, para que cuando llegue el día malo puedan resistir hasta el fin con firmeza.

Manténganse firmes, ceñidos con el cinturón de la verdad, protegidos por la coraza de justicia, y calzados

---

[47]   Isaías 52:1ª, (RV).

[48]   Efesios 6:1-4.

[49]   Efesios 6:5-9.

con la disposición de proclamar el evangelio de la paz.
Además de todo esto, tomen el escudo de la fe, con el
cual pueden apagar todas las flechas encendidas del
maligno. Tomen el casco de la salvación y la espada
del Espíritu, que es la palabra de Dios."

Efesios 6:10-17, (NVI).

¡Este es el poder de Dios para nosotros! Es un poder que nos llega de tres Fuentes divinas: **Nos viene de Dios Padre**, el cual desea que estemos listos; ¡bien despiertos!, y bien equipados para hacer su voluntad aun mientras el enemigo nos ataque con sus armas bien afiladas. Una de las cosas que Dios, en su voluntad desea que hagamos es: Buenas obras. Las obras que él mismo ya ha preparado desde antes de la fundación del mundo para que nosotros anduviésemos en ellas haciendo lo que el Señor quiere que hagamos.[50]

La segunda **Fuente Divina es Jesucristo.** Su gran obra redentora/salvífica es para que seamos diferentes; para que nos desarrollemos, para que entendamos que ahora somos de otro eón, es decir, de otra esfera que, aunque sigue en el mundo, no es del mundo sino espiritual y celestial. Esta Fuente Divina nos ha sacado del eón en el que nacimos naturalmente para ponernos en una esfera espiritual a su manera. Esto es lo que significa la palabra griega *Ekklesia – Ek-* fuera, *klesia*, congregación.

La Escritura nos afirma que Jesucristo es el Dios Salvador; es decir que: "Dios es por naturaleza un Salvador, a diferencia de las falsas deidades reacias e indiferentes que son resultado de

---

[50] Efesios 2:10.

la invención de los seres humanos y los demonios (cp. I Ti.2:2; 4:10; 2 Ti. 1:10; Tit.1:3; 2:10; 3:4; 2 P. 1:1; I Jn. 4:14).[51]

Entonces, pues, nosotros que nos hemos vestido con el poder que Dios nos ha dado somos los *llamados fuera* del eón natural *porque Dios es por naturaleza un Salvador*, y es por esa naturaleza divina que hemos sido puestos en el eón espiritual, aunque, todavía estemos en este mundo. El eón espiritual es el nuevo mundo que ha sido hecho para las nuevas criaturas en Cristo Jesús,[52] fue hecho para hacer las buenas obras que Dios ya ha preparado y para que el *Modus Vivendus* sea diferente al eón natural.

La tercera Fuente Divina es **el Espíritu Santo**. La única manera de llevar acabo un *Modus Vivendus* diferente al anterior al encuentro con Jesucristo es, por la acción directa del Espíritu Santo. Esta es parte de la razón por la cual el apóstol Pablo hace la siguiente advertencia: "No apaguéis al Espíritu Santo".[53] Y en otro lugar, dice: "No se emborrachen con vino, que lleva al desenfreno. Al contrario, sean llenos del Espíritu. Anímense unos a otros con salmos, himnos y canciones espirituales. Canten y alaben al Señor con el corazón, dando siempre gracias a Dios el Padre por todo, en el nombre de nuestro Señor Jesucristo".[54]

Compañero, ¿necesitamos algo más? Si tenemos esta armadura a nuestra disposición, lo único que tenemos que hacer,

---

51   John MacArthur. Una vida perfecta: La historia completa del Señor Jesús: Capítulo: Hoy es el día de salvación. (Nashville, Tennessee. Grupo Nelson. 2014), 515.

52   2 Corintios 5:17.

53   I Tesalonicenses 5:19, (RV).

54   Efesios 5; 18-20, (NVI).

es seguir apropiarnos de la recomendación del profeta Isaías que le hizo al pueblo de Israel: "Vístete de poder". Es decir, toma toda la ARMADURA DE DIOS – nota que la escribo con mayúsculas por lo importante que ella es para nuestra vida cristiana -. Es la Armadura que Dios nos ha dado.

II.- VÍSTETE CON ROPAS ELEGANTEMENTE ESPIRITUALES.

"Vístete de tus ropajes hermosos,. . .",[55] es el llamado del profeta Isaías que hace al pueblo de Israel. Es un llamado también para nosotros; un llamado a vestirnos para estar listos para marchar o para servir a nuestro Dios. Y, por favor, no digas como escuché decir a una persona muy amada mientras abría las puertas del closet de su recamara: "¡Ay, Dios santo! ¿Qué me voy a poner hoy? Ya no cabe nada en el closet, todo está lleno de vestidos, blusas y suéteres, pero piensa que no tiene que ponerse para ir a la iglesia.

Aun en eso, Dios, el Dios del profeta Isaías y nuestro se ha preocupado. Es decir que no dice: ¡Levántate! Por favor, ¡levántate y vístete con las vestiduras espirituales que Dios en su bondad te regala!

Pero, ¿qué son esas vestiduras elegantes y al mismo tiempo espiritual? Quiero pensar que esas vestiduras es el fruto del Espíritu Santo en el amado o amada de Dios. Pablo, le dijo a los gálatas que vivieran – que se vistieran – "por el Espíritu", y que no siguieran los deseos de la naturaleza pecaminosa".[56] Es decir que, se vistieran de esa vestimenta espiritual, la cual, les

---

55   Isaías 52:1b, (NVI).

56   Gálatas 5:16, (NVI).

daría una vida diferente, pues estando vestidos de esa manera, la consecuencia sería: "amor, alegría, paz, paciencia, amabilidad, bondad, fidelidad, humildad y dominio propio".[57] Esto es, ¡una vida que agrada a Dios y a la humanidad!

Al vestirnos con toda la Armadura de Dios y también el vestirnos con el vestido espiritual para dar el fruto agradable a Dios, es también una protección contra Satanás y los demonios; si estamos vestidos con la Armadura de Dios y si estamos dando el fruto del Espíritu Santo, entonces, ¡estamos en Dios! Y en esa condición espiritual, "no hay ley"[58] que pueda juzgarnos de violación a un principio o a una ley, porque el fruto del Espíritu "es las virtudes cristianas (I Ti 6:11) son un fruto que nace del poder del Espíritu (Ro 8.9-11)",[59] "Una violación de la ley le da a un agente policial el derecho de arrestar a una persona. De igual manera, violar las leyes espirituales – o dejar de vestirnos con el fruto del Espíritu - le abre la puerta a los ataques no deseados de nuestro adversario".[60] De allí la insistencia del profeta Isaías de que nos vistamos con las ropas elegantemente espirituales.

III.- LEVÁNTATE RÁPIDO DE TU COMODIDAD.

La promesa de salvación está en la boca y en el corazón de Dios. Está listo para declararte: ¡Salvo! ¡Librado de todo mal! Pero la otra parte te toca a ti, no para ganarte la salvación porque

---

57   Gálatas 5:22-23, (NVI).

58   Gálatas 5:23, (RV).

59   *El fruto del Espíritu*. Nota de pie de página en la Biblia de Estudio Esquematizada. Revisión Reina Valera 1960. (Impresa en Brasil. Sociedades Bíblicas Unidas.2010), 1760.

60   Perry Stone. *La Cabra de Judas: Cómo lidiar con falsas amistades, la traición y la tentación de no perdonar.* (Lake Mary, Florida. Publicado por Casa Creación.2013), 129. www.sasacreacion.com

esa no se gana sino para recibirla y vivir en ella sabiamente bajo la gracia de Dios. Es por esta razón que el profeta Isaías le dice al pueblo de Israel: "Sal del polvo, levántate", La versión Reina Valera de 1960, dice: "Sacúdete del polvo; levántate y siéntate"[61]

Una de las trampas del enemigo es la comodidad eclesial. Para no ser víctimas del adversario necesitamos ser inquietados en las actividades del Reino de Dios. "Poco después de comenzar Jesús su misión oficial, El escogió a doce hombres para acompañarle dondequiera que fuera".[62] Es decir, los inquietó en su tradicionalismo religioso. Los llamó para que fueran pescadores de hombres; para que fueran más allá de las costas del Mar de Galilea en donde por costumbre hacían sus trabajos domésticos. Las palabras del Mesías Jesús fueron escuchadas por ellos cuando les dijo a cada uno de ellos: "sígueme".[63] ¡Los sacó de su comodidad!

El que nos saquen de nuestra comodidad social o espiritual puede ser frustrante. ¿Cierto? Lo es para mí. Y creo que también lo es para ti, compañero. ¿Verdad que sí? ¡Pero es bueno! He dicho más de una vez en mis libros que la tradición mata; que el ritualismo mata y, por supuesto que la comodidad también nos puede matar social, emocional, económicamente y en lo espiritual. En este caso, en el contexto de Isaías 52, el pueblo de Israel, al parecer, se había acostumbrado a su comodidad y por ende, estaban muriendo espiritualmente. ¡Había, al parecer, una rutina de adoración aun estando bajo cautiverio!

---

[61]   Isaías 52:2ª, (NVI y RV60).

[62]   P. D. Bramsen. *Un Dios un mensaje: Descubre el ministerio, haz el viaje.* (Grand Rapids, Michigan. Trd. Carlos Tomás Knott. Editorial Portavoz. 2011), 173.

[63]   Mateo 8:22; 9:9; 16:24; 19:21; Marcos 2:14; 8:34; Lucas 18:22.

Pensamos que nuestro estado actual es lo mejor, pensamos que estamos disfrutando de la buena vida. Repito, la incomodidad puede ser frustrante. Por ejemplo: "Algunas personas piensan que la buena vida significa sentirse bien. No importa lo que exija, tienen que sentirse bien. Esto puede ser sentarse en una bañera con agua caliente, ir a Disneylandia, o tomar drogas. Tienen que seguir el placer a toda costa. Su norma de vida se convirtió en 'si lo hace sentir bien, hágalo'."[64] Aunque esto le proporcione más esclavitud. Dios, cuando estamos en una comodidad en la que quedamos preso de nuestro sentir sin advertir las tristes consecuencia, en su bondad y gran misericordia, compañero, nos inquieta, nos llama a desempolvarnos de la clase de vida que llevamos para vivir la vida que a él le agrada.

Dios, por gracia, y para nuestro bien, nos hace esta solemne invitación: "Sal del polvo – en el que te encuentras-, levántate", existe otra clase de vida mucho mejor: ¡La vida en Cristo Jesús!

IV.- LÍBRATE DEL "MORFEO[65] ESPIRITUAL".

En muchas ocasiones en que me he sentado en el sofá de la recamara de mi apartamento para ver las noticias en la televisión o algún otro programa, de repente, mi cuello no soporta el peso de mi cabeza; es como si alguien me jalara la cabeza hacia abajo y el cuello se me dobla. El profeta Isaías no

---

[64]   Rick Warren. *El poder de transformar su vida: Cómo obtener significado en lugar de mediocridad personal.* (Miami, Florida. Editorial Vida. 2000), 110. www.editorialvida.com

[65]   **Morfeo.** En la mitología griega, Morfeo (en griego antiguo Μορφεύς, de μορφή morphê, 'forma') es el dios de los sueños, hijo del dios del sueño (Hipnos), y encargado de llevar sueños a reyes y emperadores. (Wikipedia, la enciclopedia libre. La Habra, California. Internet. Consultado el 21 de septiembre de 2017), 1. https://es.wikipedia.org/wiki/Morfeo

necesariamente está hablando de este asunto, es decir, de estar cansado y dormitando, sino que está haciendo mención de una esclavitud. Israel es cautivo; es una nación bajo el poder de otra. Babilonia la ha puesto bajo su yugo.

La buena noticia es que Dios le dice: "¡Líbrate de las cadenas de tu cuello, cautiva hija de Sión!"[66] ¿Cómo? ¿Así nomás? Compañero, ¿cómo quitarse las cadenas de opresión cuando se está en cautiverio? ¿Complicado? ¡Sí! Sí lo es. Pero si Dios lo dice, entonces él tiene el poder para ayudarnos a quitarnos las cadenas que nos hacen doblar la cabeza hacia el suelo ante los opresores.

Lo que te estoy diciendo es que tú y yo, presos de nuestro cansancio, presos de nuestro temor, encadenados al sistema que nos rodea, esclavizados a espíritus malos y perversos que nos mantienen "dormidos espiritualmente" para que no veamos la luz del evangelio; para que no hagamos las obras del reino de Jesucristo; ¡Para que sigamos en la ignorancia espiritual!, ¡despertemos! Oh, como dice Dios por medio del profeta Isaías: que nos soltemos de esas cadenas de esclavitud y vivamos libremente para adorar no a "Morfeo" ni estar bajo su yugo, sino que adoremos al Dios del profeta Isaías; el mismo Dios que dice que estará presente en el momento en que llegue la redención de nuestras personas. ¡Dios, en Cristo Jesús, ha estado presente en el tiempo de nuestra salvación! Y la promesa es que, ¡seguirá con nosotros![67]

Una de las figuras que usa el profeta Isaías para asegurarle al pueblo de Israel la presencia de Dios con ellos es la de un

---

66   Isaías 52:2b, (NVI).

67   Isaías 52:6.

mensajero que trae buenas nuevas a las personas que están en desolación; es un mensajero que les trae las buenas nuevas de paz a aquella gente que está siendo atribulada. Las palabras del profeta Isaías para su pueblo son: "¡Qué hermosos son, sobre los montes, los pies del que trae buenas nuevas; del que proclama la paz, del que anuncia buenas noticias, del que proclama la salvación, del que dice a Sión: 'Tu Dios reina'!". Y si Dios reina, entonces, compañero, despertemos y trabajemos con todas nuestras fuerzas en el Reino de Jesucristo. Trabajemos, como dice Pablo, en "nuestra salvación". Es decir, en la libertad que ya tenemos porque ahora, Cristo nos ha salvado de todos nuestros pecados; ¡somos libres en Cristo Jesús! Las cadenas de nuestros cuellos, Jesucristo nos las ha quitado para que en esa libertad, le sirvamos fielmente en su Reino. ¡Libres para servir!

Pero, ¿para qué hacer todo eso? Bueno, de acuerdo al profeta Isaías, debemos trabajar en el reino de Dios en este día para que de esa manera podamos conocer mejor el nombre de nuestro Dios y comprender sus acciones y deseos, así como su protección, ya que la promesa divina es: "He aquí estaré presente".[68] Es para comprender y oír cada mañana, entre nuestra soñolienta actitud, la pregunta alentadora de parte del Dios de Isaías: "Heme aquí." ¿En qué te puedo ayudarte en este día que hoy comienzas? Y, créeme, compañero, que hoy estás a mi lado en este devocional que, cuando Dios dice *"Aquí estoy"*, es porque Él está listo para ayudar, de esta manera no tendremos que salir apresurados como si estuviéramos huyendo del enemigo, sino en paz y en calma entendiendo que "el Señor marchará a la cabeza;" y que "el Dios de Israel nos cubrirá la espalda"[69] todo este día. ¡Amén!

---

68 Isaías 52:6c, (RV1960).
69 Isaías 52:12, (NVI).

Por Nuestra Paz

¿QUIEN ha creído a nuestro mensaje? ¿A quién se
ha revelado el brazo del SEÑOR? Creció delante de
El cómo renuevo tierno, como raíz de tierra seca;
no tiene aspecto hermoso ni majestad para que le
miremos, ni apariencia para que le deseemos.
Fue despreciado y desechado de los hombres, varón
de dolores y experimentado en aflicción; y como
uno de quien los hombres esconden el rostro, fue
despreciado, y no le estimamos.

Isaías 53:1-3

¡WAUUU! ¡MARAVILLOZO! ¡ASOMBROSO!
y todos los demás calificativos de admiración
y respeto que el idioma español nos permita
usar, no son suficientes para expresar lo grandioso y el tremendo
contenido de este Capítulo 53 de Isaías. Es tan grandioso y
maravilloso que no pude ni quise seleccionar algunos versículos
para meditar sobre ellos esta mañana – aunque solo te escribí
tres versículos-, pues todos y cada uno de estos doce versículos
forman un hermoso poema o cántico en el que se conjugan el
sufrimiento, la valentía y el triunfo de Aquel que, en la eternidad,
había decidido llegar a nosotros y dejarse matar en una cruz al
ser "despreciado y desechado de los hombres" de su tiempo.

Compañero, este cántico o "poema contrapone los dolores extremos del Siervo y su victoria final; pone de manifiesto la injusticia de sus padecimientos y las implicaciones de su triunfo sobre los inconvenientes y las angustias de la vida".[70]

¿Qué le motivó a llevar a cabo semejante obra? ¿Qué beneficio tendría El al callar y no defenderse de sus acusadores? ¿Por qué "cayó" sobre Jesucristo la iniquidad de todos nosotros? Estas y otras más preguntas que nos haremos más adelante, tienen su respuesta en tan sólo tres grandes palabras del profeta Isaías: "POR NUESTRA PAZ".

Allí estaba, desde que comencé a leer este Capítulo 53 de Isaías, en espíritu, junto al profeta. Caminamos por lo que hoy conocemos como *La Vía Dolorosa*. Nos encaminamos hacia afuera de la antigua ciudad de Jerusalén y allí, parado frente al pequeño monte "llamado Gólgota, que significa: Lugar de la Calavera",[71] el profeta, continuó su mensaje que había iniciado en el Capítulo 52 de su libro. Y, Allí, sí, precisamente allí, ¡allí está lo maravilloso y asombroso de este Capítulo 53! Era como si el profeta nos estuviera presentando una película de la crucifixión, muerte, sepultura y resurrección de Jesucristo. Era como si el profeta hubiese leído los Cuatro Evangelios; Mateo, Marcos, Lucas y Juan, 700 años antes de que estos se escribieran y ahora, nos hubiera sacado de la ciudad de Jerusalén para presentarnos un drama exacto en base a lo que había leído.

Mientras le oía pronunciar este mensaje, me parecía como que el profeta estuviera viendo a Jesús llegar al Calvario con

---

70 Samuel Pagán. *Isaías: Serie: Conozca su Biblia*. (Minneapolis. Augsburg Fortress. 2007), 178.

71 Mateo 27:33, (RV 1960).

la cruz de espinas sobre su cabeza, ensangrentado, golpeado, desfigurado por haber estado toda una noche sin dormir, sin comer, sin beber agua, y todavía con las huellas imborrables de haber sido golpeado, abofeteado y azotado. Había sido tal el castigo que, no tenía "aspecto hermoso ni majestad" a simple vista. Era, pues, como si el profeta pudiera estar viendo que, mientras Jesús era crucificado, los judíos y con ellos, los gentiles también "nos descarriamos como ovejas, nos apartamos (de Él) cada cual por su camino;" mientras que Dios Padre hacía que todo el castigo, "la iniquidad de todos nosotros, cayera sobre Él" allí colgado sobre una ruda y cruel cruz de madera. Era, pues, en medio de todo ese dolor; de toda esa aflicción y todo ese silencio del crucificado algo,. . . . Sumamente maravilloso, no por el hecho mismo del sufrimiento, porque eso fue una brutalidad humana hecha al Siervo de Dios, sino por dos poderosas razones:

Primera, porque cuando llegamos al Nuevo Testamento encontramos que toda la declaración profética es cumplida al pie de la letra; Dios cumple su palabra aunque ésta le duela hasta lo más profundo de sus ser.

Segunda, porque al someterse a tal crueldad, el Siervo de Dios comprendía "que era parte de la voluntad divina para la redención de la humanidad".[72] En esa voluntad divina relatada en este capítulo 53 de Isaías, "se presentan los resultados de ese proceso de deshumanización. Las siguientes palabras ponen en evidencia la naturaleza del sufrimiento: despreciado, desechado, dolorido, sufrido, herido, enfermo, afligido, molido, castigado,

---

[72] Samuel Pagán. *Isaías: Serie: Conozca su Biblia.* (Minneapolis. Augsburg Fortress. 2007), 180.

llagado, angustiado y, finalmente asesinado".[73] Isaías 53, deja, pues, sin duda alguna "que el trato que Cristo recibió durante la etapa de la pasión y crucifixión sería absolutamente inhumano".[74]

Hasta allí; al pie del Gólgota, en el siglo VI, el profeta nos llevó, en el espíritu, para mostrarnos de una manera muy gráfica que, todo lo que él estaba diciendo acontecería en un futuro cercano y que, el Siervo de Dios lo haría sola y únicamente: "POR NUESTRA PAZ".

Es, pues, este Capítulo 53 de Isaías, una fotografía; un relato; una historia; una película a todo color, tan exacta y verídica que, es casi imposible de creer que este Capítulo se haya escrito antes de que se realizara lo que en él es relatado. Y, sin embargo, ¡allí está escrito! Allí está la obra maravillosa de la salvación profetizada setecientos años antes de que su actor principal dijera: "¡Consumado es!".[75]

Regresando al libro de Isaías, dice: "El castigo, por nuestra paz, cayó sobre El,. . ."[76] Alguna vez, mi estimado compañero de viaje, te has preguntado: ¿Por qué hicieron todo eso con Jesucristo? Fue despreciado, fue desechado, fue un varón de dolores que experimentó el quebranto, no fue estimado; sufrió nuestros dolores, cargó con nuestras enfermedades y aun así, fue

[73]   Samuel Pagán. *Isaías: Serie: Conozca su Biblia*. (Minneapolis. Augsburg Fortress. 2007), 179.

[74]   Biblia de Estudio Arqueológica: Un viaje ilustrado a través de la cultura y la historia bíblicas. NVI: Nota de pie página. (Miami, Florida. Editorial Vida. 2009). 1184.

[75]   Juan 19:30, (RV).

[76]   Isaías 53; 5, (RV).

despreciado, fue azotado, fue herido y también humillado. ¿Por qué? ¿Por qué tanta brutalidad contra él?

He aquí, tres respuestas, entre las muchas que hay, que nos presenta esta profecía de Isaías 53 a estas repugnantes preguntas.

I.- PORQUE FUE LA VOLUNTAD DE DIOS.

¡En serio! Sin rodeos, el profeta, clara y directamente dice: *"Pero el Señor quiso quebrantarlo y hacerlo sufrir."*[77] ¿Parece absurdo y cruel? ¡Claro que sí! Y sin embargo, esa fue la voluntad de Dios. Creo que a Dios le dolió muchísimo esta decisión pero en su inmenso amor y gran misericordia decidió tal proceder porque era la única manera de que en Cristo Jesús la humanidad obtuviese la reconciliación con Su Creador. La paga del pecado debería de caer sobre su amado Hijo; sobre Jesucristo. ¡No había otra opción! Y no la había porque no existe otro nombre y otro personaje bajo el cielo en el cual seamos salvos, solamente en Jesucristo.[78] Jesús, en su humanidad sintió profundamente la carga y el castigo del pecado a tal grado que, horas antes de llegar a la cruz exclamó diciendo: "... Padre, si quieres, pasa de mi esta copa; - ya el dolor era intenso; la lucha para pagar el precio del pecado se intensificó, sin embargo, sabiendo que no había otra manera de salvar a la humanidad se aferró a la voluntad de su Padre y, entonces, dijo-, pero no se haga mi voluntad, sino la tuya".[79] ¡Era la voluntad de Dios Padre! ¡Y era la única manera de reconciliar al ser humano con Dios! Fue, pues, en esa voluntad divina que Jesucristo llegó a ser

---

[77] Isaías 53:10, (NVI).

[78] Hechos 4:12.

[79] Lucas 22:42, (RV,1960).

no solamente nuestro Reconciliador sino que también nuestro
único Redentor: fuera de él no hay nadie más que haya logrado
tal hazaña redentora.

En estos meses de finales del 2017 entre la confusión e
inseguridad política en los Estados Unidos de América la
Legislatura de California aprobó la solicitud de que California
fuera un "Estado Santuario".[80] ¿Y eso que significa?

Significa que
el estado de California protegerá a los inmigrantes que no tienen
una residencia legal para seguir viviendo en los Estados Unidos,
es una acción con la que limita las redadas del Departamento
de Inmigración; más específicamente, limita las órdenes de
deportación bajo la administración del presidente Trump.[81]

No es fácil decir que lo que está sucediendo es la voluntad de
Dios, ¡pero lo es! Cuando el profeta Isaías escribió esta profecía
que acabamos de leer no fue nada fácil aceptar que el Mesías
tendría que pasar por circunstancias desagradables – mucho
más desagradables que las que pasamos hoy políticamente-,
pero tuvo que escribirla para mostrar que Dios tiene el control
de todo; del pasado, del presente y del futuro. El profeta dice:
"*Pero quiso el Señor*". Es decir, esa es Su voluntad nos guste o no.

La pregunta aquí es: ¿qué consecuencias traerá esa voluntad
de Dios? En la misma profecía de este capítulo cincuenta y tres
de Isaías, el profeta, dice:

---

[80]   Jazmine Ulloa. *California Legislature approves 'Sanctuary State'
Bill*. (Los Ángeles, California. Periódico The San Diego Union-Tribune.
Domingo 17 de septiembre de 2017), 1.

[81]   Jazmine Ulloa. *California Legislature approves 'Sanctuary State'
Bill*. (Los Ángeles, California. Periódico The San Diego Union-Tribune.
Domingo 17 de septiembre de 2017), 1.

"Pero el Señor quiso quebrantarlo y hacerlo sufrir, y, como él ofreció su vida en expiación, verá su descendencia y prolongará sus días, y llevará a cabo la voluntad del Señor.

Después de su sufrimiento, verá la luz y quedará satisfecho; por su conocimiento mi siervo justo justificará a muchos, y cargará con las iniquidades de ellos."

Isaías 53:10-11, (NVI).

¡Qué palabras tan duras! Hablan de un terrible sufrimiento. Pero dentro de este relato notamos estas expresiones: *"como él ofreció su vida en expiación"* y *"verá la luz y quedará satisfecho;"*. Quiero que observemos que: "En todo el AT – Antiguo Testamento-, esta es la única mención acerca de una persona que da su vida como sacrificio para quitar pecados".[82] ¡Esa era la voluntad de Dios! ¡Así él lo quiso! El mismo Mesías Jesucristo entendió esta voluntad divina y por eso, dijo: *"Como el Hijo del Hombre* – es decir, Jesús el Cristo- *no vino para ser servido, sino para servir, y para dar su vida en rescate por muchos"*.[83] En el Nuevo Testamento notamos que esa voluntad de Dios, aunque nos parezca cruel, es para el bien de la humanidad. ¿Qué será el bien con la administración del presidente Donald Trump? No lo sé. Lo que sí sé que el hecho de que el estado de California haya tomado cartas en el asunto es porque Dios tiene algo muy bueno para todos los que hemos llegado a Estados Unidos de América. *"Dios quiso"*, dijo el profeta. Y cuando Dios quiere, ¡siempre quiere algo mejor para nosotros los humanos! La muerte de Jesucristo no fue ni es en vano, al ver que muchos están aceptando su sacrificio vicario, ¡Dios

---

[82] Comentario de pie de página en la *Biblia de Estudio Esquematizada*. Reina Valera 1960. (Brasil. Sociedades Bíblicas Unidas. 2000), 1073

[83] Mateo 20:28, (RV).

está satisfecho! ¡Jesucristo está satisfecho! Sus últimas palabras terrenales fueron: *"Consumado es"*.[84] Es como si hubiera dicho: "¡Logré la meta salvífica! ¡El ser humano puede volver a tener comunión con Dios!" ¡Aleluya!

II.- PORQUE ERA LA ÚNICA MANERA DE JUSTIFICARNOS ANTE DIOS.

Dios, conocedor del futuro, en medio de su dolor por saber lo que le esperaba a su Amado Hijo, y por saber lo que sucederá con la obra redentora que haría Jesucristo, lo digo con mucho respeto, ¡Explota de emoción! Y, dice: "Después de su sufrimiento, verá la luz y quedará satisfecho; por su conocimiento mi siervo justo justificará a muchos, y cargará con las iniquidades de ellos".[85] ¡Esta es la obra redentora! El Nuevo Testamento relata que Jesucristo atacó la raíz del problema espiritual y moral de la humanidad. Esta obra redentora fue al mismo tiempo reconciliadora, pues, hizo que Dios aceptara tener una comunión con la humanidad. El apóstol Pablo hace referencia a esta obediencia de Jesucristo con el fin de salvar y reconciliar al ser humano con Dios, cuando dijo: "Por tanto, así como una sola transgresión causó la condenación de todos, también un solo acto de justicia produjo la justificación que da vida a todos. Porque así como por la desobediencia de uno solo muchos fueron constituidos pecadores, también por la obediencia de uno solo muchos serán constituidos justos".[86]

¿Toda la humanidad es salva por la obediencia de Jesucristo? ¡No! Esta nos es la enseñanza de Pablo ni del resto del Nuevo

---

[84]   Juan 19:30, (RV1960).

[85]   Isaías 53:11, (NVI).

[86]   Romanos 5:18-19, (NVI).

Testamento. "Pablo no está diciendo que todos serán salvos. . .,
sino que la obra salvífica de Cristo libera a todos los que lo
aceptan por la fe. Esta es la voluntad de Dios para todos".[87]
Repito, Cristo atacó la raíz del problema espiritual y moral de
la humanidad y espera pacientemente que la persona acepte
esta oferta; ya puede el ser humano solucionar sus problemas
espirituales y morales depositando su confianza en Jesucristo.

Un autor desconocido dijo que mientras leía en un periódico
acerca de una reunión de senadores y altos oficiales en Arkansas,
EE.UU., notó que la asamblea entrevistó a algunos jóvenes y a
algunos directores de escuelas para ayudar con el serio problema
de embarazos en las jovencitas. "La mayoría de los estudiantes
opinaron que repartir anticonceptivos no es la solución al
problema. Pensaron más bien, en la necesidad de más educación
sexual en las escuelas".[88] Uno de los presentes comentó: "En
nuestra localidad necesitamos algo más para entretenernos".[89]
Esto es una idea de la holgazanería y el desenfreno moral entre
la juventud de Arkansas y del resto de los Estados Unidos.
Mientras el autor estaba leyendo en el periódico de esa localidad,
notó que: "No mencionaron la pornografía. . . . Aparentemente,
los senadores y profesores no se percataron de que los jóvenes que

---

[87]   Comentario de pie de página en la Biblia de Estudio Esquematizada.
Reina Valera 1960. (Brasil. Sociedades Bíblicas Unidas. 2010), 1683.

[88]   La Antorcha de la verdad. Artículo: *Atacar el grano.* Autor desconocido.
(Costa Rica. C. A. Impreso en Pital de San Carlos. Julio- Agosto, 2017.
Volumen 31, Número 4), 21.

[89]   La Antorcha de la verdad. Artículo: *Atacar el grano.* Autor desconocido.
(Costa Rica. C. A. Impreso en Pital de San Carlos. Julio- Agosto, 2017.
Volumen 31, Número 4), 21.

navegan en un mar de pornografía, son afectados moralmente".[90]
¡No atacaron la raíz! Así que, en el día menos pensado volverá
a echar ramas, hojas, flores y fruto. El pecado no se detiene; la
moralidad no cambiada sigue su curso hasta contaminar toda
la sociedad si no se corta de raíz.

Los asambleístas podaron las ramas con el fin de solucionar
el problema moral de su localidad pero no atacaron la raíz. La
obra salvífica de Jesucristo atacó y ataca la raíz no las ramas de
los problemas espirituales y morales. Su obra es absolutamente
radical; es una obra completa y terminal. Es por eso que el
apóstol Pablo, dijo: "Por lo tanto, si alguno está en Cristo, es una
nueva creación. ¡Lo viejo ha pasado, ha llegado ya lo nuevo!"[91]
¡Esta es una obra radical! Y es una obra que solamente Jesucristo
lo puede hacer porque es el único que saca de raíz el problema
que sea.

III.- PORQUE ERA LA ÚNICA MANERA DE VENCER AL PECADO.

¿Por qué hicieron todo eso con Jesucristo? ¿Por qué tanta
crueldad contra él? Porque era la única manera de vencer al
pecado. El señor de este mundo se ensañó contra Jesucristo
pues entendía un poco, no del todo, pues, él no es omnisciente,
que el Hijo de Dios había entrado en el mundo para librarlo
del pecado.

---

[90] La Antorcha de la verdad. Artículo: *Atacar el grano.* Autor desconocido.
(Costa Rica. C. A. Impreso en Pital de San Carlos. Julio- Agosto, 2017.
Volumen 31, Número 4), 21.

[91] 2 Corintios 5:17, (NVI).

Dios dice:

> *"Por tanto, yo le daré parte con los grandes y con los*
> *fuertes repartirá despojos, porque derramó su alma*
> *hasta la muerte y con los transgresores fue contado,*
> *llevando el pecado de muchos, e intercediendo por los*
> *transgresores".*[92]

El apóstol Juan agrega:

> *"Si confesamos nuestros pecados, él es fiel y justo para*
> *perdonar nuestros pecados, y limpiarnos de toda*
> *maldad. . . . y la sangre de Jesucristo su Hijo nos*
> *limpia de todo pecado".*[93]

El autor de Apocalipsis, dice;

> *"Al que nos ama y que por su sangre nos ha librado*
> *de nuestros pecados,. . .*
> *Y (los redimidos) entonaban este nuevo cántico:*
> *'Digno eres de recibir el rollo escrito y de romper*
> *sus sellos, porque fuiste sacrificado, y con tu sangre*
> *compraste para Dios gente de toda raza, lengua,*
> *pueblo y nación.*
> *De ellos hiciste un reino; los hiciste sacerdotes al*
> *servicio de nuestro Dios y reinarán sobre la tierra'.*"[94]

¡Era la única manera de vencer al pecado! No había otra manera. Si lo hubiera, créeme, compañero, que Dios la hubiera utilizado en lugar de sufrir el dolor de ver a su Amado Hijo pasar por tan brutal sufrimiento. Nadie más nos puede dar la

---

[92] Isaías 52; 12, (NVI).

[93] I Juan 1:9; 1:7, (RV1960).

[94] Apocalipsis 1:5; 5:9-10, (NVI).

verdadera paz sino solamente aquel que logró la paz verdadera por medio de su sufrimiento: Él fue a la cruz para librarnos del pecado, él sufrió para que nosotros tuviéramos la paz.

Compañero, ¿inquieto? ¿Perturbado? ¿Confundido? Jesucristo es tu medicina, pues El murió "Por Nuestra Paz". Y nos garantiza Su paz aquí en la tierra y por la eternidad. Su promesa es: "La paz os dejo, mi paz os doy; yo no os la doy como el mundo la da. No se turbe vuestro corazón, ni tenga miedo".[95]

---

95   Juan 14:27, (RV1960).

Bienestar

No temas, pues no serás avergonzada; ni te sientas humillada, pues no serás agraviada; sino que te olvidarás de la vergüenza de tu juventud, y del oprobio de tu viudez no te acordarás más.
Porque tu esposo es tu Hacedor, el SEÑOR de los ejércitos es su nombre; y tu Redentor es el Santo de Israel, que se llama Dios de toda la tierra.
Porque como a mujer abandonada y afligida de espíritu, te ha llamado el SEÑOR, y como esposa de la juventud que es repudiada ~ dice tu Dios.
Por un breve momento te abandoné, pero con gran compasión te recogeré. En un acceso de ira escondí mi rostro de ti por un momento, pero con misericordia eterna tendré compasión de ti ~dice el SEÑOR tu Redentor.

Isaías 54:4-8.

EL PROFESOR JULIO de la Canal dice que "bienestar (es) comodidad, holgura, regalo, tranquilidad".[96] Compañero, esa definición de *bienestar* me hace recordar aquel verano de 1976. Viajamos desde la ciudad de

---

[96] Profesor Julio de la Canal. *Bienestar.* Diccionario de Sinónimos e ideas afines. CIA Editorial Continental, S. A. de C. V., México. 1987), 52.

Córdoba, Veracruz hasta el estado de Louisiana en los Estados Unidos de América. A unos 80 kilómetros al norte de la ciudad de Shreveport se encuentra un lugar paradisiaco; es un Campamento Cristiano en una planicie entre grandes y hermosos árboles de pino. Hasta allí llegamos. Era un verano caliente pero allí las cosas comenzaron a ser todas agradables, aun el clima.

El Campamento contaba con un hermoso lago en el cual se encontraban lanchas de remos y bicicletas acuáticas, además estaba rodeado de las cabañas y con una alberca semi-olímpica al lado Este. Al Oeste del lago se encontraba una Capilla de hermoso aspecto, mientras que al lado Norte estaba un enorme edificio; era el comedor y la cocina con una capacidad para albergar a quinientas personas a la vez. Mi cabaña estaba al lado Sur del lago.

Supuestamente llegamos a este lugar para trabajar. Deberíamos reparar y pintar las cabañas, y así lo hicimos, pero ¡que, vaaa! Aun el trabajo era parte de la comodidad que allí sentíamos.

Contábamos con un horario sumamente holgado. Nos levantábamos a las 7:00 a.m., desayunábamos a las 8:00 de la mañana, ¡y qué desayunos! Leche por galones; toda la que pudiéramos tomar. Huevos revueltos con salchichas, tocino, mantequilla y mermelada. Nos los servían acompañados con tortillas de harina o el pan. Después del desayuno teníamos un devocional con músicos profesionales y predicadores expertos en la materia.

Nuestro trabajo comenzaba a las 10:00 de la mañana y terminaba al medio día - ¡menos de dos horas de trabajo!-, pues la comida se servía a las 12:10 p.m. con un ligero comensal; uno o dos sándwiches o hamburguesas y toda el agua o leche o refrescos que uno pudiera tomar.

Después de veinte o treinta minutos de compañerismo en el comedor, mientras jugábamos algún juego de mesa, llegaba el tiempo de la siesta. Todo mundo tenía que ir a su cabaña y dormir hasta las 2:00 de la tarde. Los primeros días yo no podía dormir a esa hora, pues no estaba acostumbrado a ello, pero después del quinto día, ¡Ah, qué agradable era la siesta!

El resto de la tarde era para estar en el lago o en la alberca hasta las 4:30 p.m. La cena se servía a las 5:00 en punto. Esta era la comida fuerte. ¡Wauuu, sí que era fuerte! Carne de res o de venado o de pollo con arroz, verduras, frutas, ensaladas, salsas, tortillas de harina, pan y agua de frutas naturales eran algunas partes de los componentes de las cenas. Después de la cena todo mundo se reunía en la hermosa Capilla y allí escuchábamos las conferencias sobre el libro de Apocalipsis que fueron impartidas por el doctor John F. Hall.

A las nueve de la noche, era la hora de estar durmiendo. Todos los camperos deberíamos de estar en las cabañas, después del devocional personal, era el tiempo en que todos deberíamos descansar. Después de esa hora, lo único que se escuchaba eran los ruidos naturales del monte y más de un ser humano roncando.

¿Podría alguien tener mejor comodidad que esa? ¿Podría alguien despreciar esa tranquilidad? Sería muy difícil rechazar tal comodidad; ¡tal bienestar! Compañero, ¿Despreciarías esta comodidad? ¿Habrá algún bienestar para ti mejor que este? Tal vez sí, pero, para mí, ¡ese fue un gran bienestar que me gustaría repetirlo una y otra vez!

En el mensaje del Profeta Isaías que acabamos de escuchar en este hermoso lugar llamado: *Monte de los Olivos*, el Señor, por medio de su profeta ha animado al pueblo. En los primeros diez versículos, escuchamos ". . . una poesía de amor. Jerusalén, la cual representa a todo el pueblo, es comparada con una mujer abandonada que será recogida por su marido (v.6-7). Dios, representado por su marido (v5), ama a Jerusalén, su mujer, con un amor eterno (v. 7, 8, 10)".[97] Y, ¿cómo muestra el Señor ese amor eterno? Por lo menos lo muestra de cuatro bienestares que le promete a su amada y, por ende, a todo aquel que es su hijo o hija amad@.

Compañero, aplicando este mensaje a nosotros, observa lo que Dios, en su misericordia, nos puede dar. Notemos bien lo que dicen estos versículos de este capítulo cincuenta y cuatro de Isaías en cuanto a los beneficios; pongamos atención a los bienestares que el Señor ha decidido en su Santa voluntad dar a cada uno de nosotros. Ahora, pensemos en estos cuatro beneficios divinos.

I.- BIENESTAR ECONÓMICO.

Lo primero que hace Dios por medio del profeta Isaías es hacer que su pueblo se vea así mismo, que vea la condición psicológica y social en la cual se mueve. Dios desea que su pueblo se dé cuenta de cómo vive y que es lo que Dios desea para él; quiere que note el cambio de estar sin Dios y con el Señor que los ha salvado y redimido de la esclavitud espiritual y física. Así

---

[97]   Comentario al capítulo 54 de Isaías en Biblia de Estudio Esquemática. (Brasil. Sociedades Bíblicas Unidas. 2010), 1075.

que lo invita a reflexionar y le dice: "¡Mira tú, ciudad afligida, atormentada y sin consuelo! ¡Te afirmaré con turquesas, y te cimentaré con zafiros! Con rubíes construiré tus almenas, con joyas brillantes tus puertas, y con piedras preciosas todos tus muros".[98]

¡Wau! ¡Dios está prometiendo riqueza material! No necesariamente está justificando la doctrina de la Prosperidad. Está diciendo que las riquezas no son malas si vienen de Dios y para adorar al Señor. En cierta ocasión, el Salmista David, dijo: "Joven fui, y he envejecido, y no he visto justo desamparado, ni su descendencia que mendigue pan".[99] Y, por supuesto que, el Salmista no está mintiendo; tampoco lo hace el Señor por medio de la boca del profeta Isaías. Es decir que, lo que Dios le está prometiendo a los habitantes de Jerusalén es una promesa incondicional: "*Yo lo voy a hacer*", dice el Señor. No va a dejar a su pueblo en una ruina económica. Su promesa es embellecer la ciudad.

A mediados del año 2017 la gente de Estados Unidos se preguntaba: "¿Quién protege al consumidor?"[100] Existe un proyecto para ayudar al consumidor que "se llama CHOICE Act. (Acto de Elección)."[101] Pero, de acuerdo a la Opinión, "acá no hay nada para elegir. En realidad, la medida se debería de llamar

---

[98]   Isaías 54:11-12, (NVI).

[99]   Salmo 37:25, (RV, 1960).

100 La Opinión. Editorial: ¿Quién protege al consumidor? (Los Ángeles, California. Periódico La Opinión. Jueves 8 de junio de 2017) ,15. Laopinion. com

[101]   La Opinión. Editorial: ¿Quién protege al consumidor? (Los Ángeles, California. Periódico La Opinión. Jueves 8 de junio de 2017), 15. Laopinion. com

ley para destruir la protección al consumidor financiero".[102] En base a este proyecto en estados Unidos muchos perdieron sus casas y sus cuentas bancarias se empobrecieron. Mientras Dios no diga que él lo va ser, no existe ninguna garantía de que la gente de los Estados Unidos nunca llegue a mendigar el pan. Salarios como los que se han propuesto para los obreros, para los campesinos y para otros más ciudadanos de USA, ¡no alcanzan ni para pagar la renta de un apartamento!

Creo, pues que, tenemos que volver a Dios. Tenemos que dejar que sea Dios el que ministre nuestra economía y no un centro financiero que solamente se enriquece a "costillas" de los más "flacos" económicamente. La promesa de Dios es: "Yo lo voy a hacer". Entonces creamos en esta promesa: ¡hay que creerle a Dios! Y, entonces, él nos dará un bienestar económico.

II.- BIENESTAR FAMILIAR.

¡Ah, la familia! Dios está sumamente interesado en la familia. El la fundó como núcleo de la humanidad; es decir que una familia saludable es un potencial para que el mundo pueda llegar a ser saludable. Familias que viven con el bienestar de Dios son núcleos que pueden expandirse entre la moralidad perversa de este mundo y hacer la diferencia. Y esto es urgente. ¡El mundo necesita familias saludables! Es tonto preguntar el porqué, pero aun así lo hago, pues: "La dignidad de la vida se está perdiendo rápidamente en el mundo de hoy. Se aumenta más y

---

[102]   La Opinión. Editorial: ¿Quién protege al consumidor? (Los Ángeles, California. Periódico La Opinión. Jueves 8 de junio de 2017), 15. Laopinion. com

más el fenómeno que algunos llaman la cultura de la muerte".[103] La idea de la autonomía es una de las bases fundamentales para decidir qué hacer con la vida sin tomar en cuenta a Dios el dador de la vida. En la cultura de la muerte el ser humano "toma en mano el derecho de quitarse la vida y la de otros".[104]

Esto es lo que nos han enseñado y nos están educando en esta cultura: ¡La Cultura de la muerte! El otro lado de la moneda es lo que Dios está enseñando. El profeta Isaías dice que: "Todos tus hijos serán enseñados por el SEÑOR, y grande será el bienestar de tus hijos".[105] Un ejemplo de esta enseñanza es el llamado "*Libro del Pacto*",[106] "el cual sigue al decálogo en la narración de Éxodo, contiene mayormente leyes judiciales que corresponden a la nueva vida nacional de Israel. Esta nueva vida surge naturalmente de la aplicación de la ley moral del Decálogo. Primero que todo, Israel debe adorar en un altar que Dios designe, para neutralizar la inclinación hacia la idolatría. Segundo, el valor de la vida humana será reconocido en la administración de la justicia para todos por igual, incluyendo a los esclavos"[107] Este es un resumen de un Plan Educativo

---

[103] Arturo Nisly. *Peligros que la iglesia enfrenta ante una sociedad en decadencia.* Artículo en La Antorcha de la verdad. (Costa Rica. C. A. Impreso en Pital de San Carlos. Mayo-Junio, 2016. Volumen 30, Número 3), 21), 4.

[104] Arturo Nisly. *Peligros que la iglesia enfrenta ante una sociedad en decadencia.* Artículo en La Antorcha de la verdad. (Costa Rica. C. A. Impreso en Pital de San Carlos. Mayo-Junio, 2016. Volumen 30, Número 3), 21), 10-11.

[105] Isaías 54:13, (NVI).

[106] Éxodo 20:22-23:33.

[107] W. T. Purkiser, Redactor. C. E. Demaray. D. S. Metz y M. A. Stuneck. *Explorando el Antiguo Testamento.* Trd. Dardo Bruchez. (Kansas, City, Missouri. Casa Nazarena de Publicaciones. 1994), 115.

divino que comienza con los Diez Mandamientos y abarca el resto del Pentateuco; es decir que, es un Plan Educativo de Dios para toda la vida. Salirse de esta Plan divino es correr el riesgo de adquirir una muy baja moralidad y como consecuencia la muerte física.

En el Nuevo Testamento tenemos el Sermón del Monte. De acuerdo al doctor Lucas, la instrucción dada en el Sermón del Monte, "sigue inmediatamente a lo que podríamos llamar la elección oficial de los Doce".[108] La lección es que "si los ayudantes y asistentes han de hacer su trabajo inteligente y eficazmente habrá que empezar por instruirles".[109] Dios es sabio, por eso nunca te pedirá que haga algo para él en su Reino sin antes instruirte. Nunca te pedirá un bienestar familiar sin antes instruirte en cómo ser un buen padre, una buena madre o un buen hijo.

Las enseñanzas de Dios son para que vivamos en un ambiente de bienestar. El Primer Libro de Samuel comienza narrado la historia de un hogar en el cual existían rivalidades, llanto, tristeza, incomodidad e incomprensión. Fue el hogar de Elcana y sus esposas Ana y Penina. Todos los inconvenientes antes mencionados es porque "Penina tenía hijos, más Ana no los tenía". Dios es especialista en hacer de hogares disfuncionales hogares en donde exista el bienestar, le concedió a Ana tener hijos; ella había pedido un hijo para dedicarlo al Señor, y lo hizo, le nació Samuel y lo entregó al servicio de Dios. En cuanto destetó a Samuel, lo llevó ante el sacerdote Eli y le dijo: "Mi

---

[108] Lucas 6:12-49

[109] William Barclay. *Comentario al Nuevo Testamento. Volumen I. Mateo.* Trd. Alberto Araujo. (Terrassa (Barcelona), España. Editorial CLIE. 1997), 103.

señor, tan cierto como que usted vive, le juro que yo soy la mujer que estuvo aquí a su lado orando al Señor. Este es el niño que yo le pedí al Señor, y él me lo concedió. Ahora yo, por mi parte, se lo entrego al Señor. Mientras el niño viva, estará dedicado a él".[110] En esa especialidad divina, el Señor le concedió a Ana más hijos "tres hijos y dos hijas".[111] Ana pidió uno y, ¡Dios le concedió seis! No cabe duda de que Dios sabe cómo hacer de un hogar disfuncional un hogar en donde reine el bienestar familiar.

Cuando nosotros, como líderes espirituales notamos que las familias de nuestra localidad están disfrutando del bienestar divino, nos alegramos. Nos unidos al gozo del apóstol Juan cuando dijo: "No tengo mayor gozo que este: oír que mis hijos andan en la verdad".[112] ¿Por qué nos gozamos? Porque: "El hogar ideal también proveerá a los hijos de las primeras enseñanzas de la Biblia. Allí se practicará la adoración y la reverencia hacia Dios, y se dará las normas morales que les guiarán en el comportamiento, lo mismo que una apreciación positiva de quienes son y su valor".[113]

III.- BIENESTAR ESPIRITUAL.

El Salmo 54 es una poesía de amor. Un amor que provee un bienestar económico y un bienestar familiar. Pero también, como veremos más adelante, este amor de Dios provee un futuro

---

[110]   I Samuel 1:26-28, (NVI).

[111]   I Samuel 3:21.

[112]   III Juan 4, (RV).

[113]   James Giles. *El Hogar Cristiano: Para toda la familia*. Articular: Los Propósitos del Matrimonio. Tomo XLI. (Miami, Florida. Revista Cristiana. Número 2. Abril-Mayo-Junio de 1997), 12.

agradable. Este Salmo presenta a la ciudad de Jerusalén como una mujer que ha sido abandonada pero que llegará a ser tomada o recogida por su marido. El amor de Dios que se manifiesta en este Salmo hacia la ciudad de Jerusalén o mejor dicho, hacia su amado pueblo israelita, protegerá a su pueblo; Dios lo hará por el gran amor que le tiene a su pueblo. Por eso la promesa es: "Serás establecida en justicia; lejos de ti estará la opresión, y nada tendrás que temer; El terror se apartará de ti, y no se te acercará".[114]

"En el antiguo Cercano Oriente, la esterilidad era un destino terrible para la mujer. La viudez también era una desgracia, ya que una mujer podría contribuir a la sociedad únicamente a través de su esposo. Había todavía una humillación peor: el divorcio, la suposición de que la mujer era, de algún modo, deficiente".[115] Esto era terrible para la mujer judía, es de suponerse que cuando estaba lista para casarse su temor a caer en desgracia o llegar a ser deficiente, seguramente estaba en su mente continuamente. ¿Cómo podría una mujer judía llegar al altar con la certeza de llegar a ser la esposa ideal? Con este antecedente cultural, me supongo, era casi imposible; su temor estaría en su mente hasta ver los resultados durante los meses de matrimonio. Durante todo ese tiempo estaría viviendo en temor.

La lección que tenemos en el Salmo 54:14 es que, como una mujer que ha quedado abandonada o depreciada y que vive con temor constante, aun así, Dios, en su gran amor nos restaura. Su misericordia nos provee de un amor; mejor dicho, nos rodea con Su infinito amor a tal grado que nos quita todo temor y

---

[114]   Isaías 54:14, (NVI).

[115]   Comentario de pie de página en la *Biblia de Estudio Arqueológica*, NVI, sobre el Salmo 54:1. (Miami, Florida. Editorial Vida. 2009), 1186.

en su lugar nos provee la bendición de tener una vida espiritual saludable; un bienestar espiritual como nunca lo hemos experimentado. Una experiencia como el tener un hogar en donde todo sea apacible, comprensible y agradable – una relación matrimonial ejemplar-. Sabemos que no existe un matrimonio perfecto pero sí sabemos que en Cristo Jesús podemos tener un amor perfecto; un amor que provee bienestar espiritual. Dios, Cristo y el Espíritu Santo desean que disfrutemos del bienestar espiritual que ambos proveen para que no vivamos en temor ningún día.

Ahora bien, cabe aquí que nos preguntemos: ¿cómo Dios el Padre, Jesucristo y el Espíritu Santo proveen la ayuda para que vivamos con el bienestar divino? Lo hace – noten que lo digo en singular no en plural, pues Dios es UNO; Uno en la Trinidad-, lo hace de la siguiente manera:

Dios Creador de todo. El Señor es el creador de todo, así que Él tiene todo el control de nuestra vida y de las circunstancias. El apóstol Pablo, haciendo referencia al Dios Creador, les dijo a los hermanos de Éfeso que Dios en su misericordia y bondad estaba sobre todos con el fin de hacer el bien a la humanidad, con estas palabras: "Hay un solo cuerpo y un solo Espíritu, así como también fueron llamados a una sola esperanza; un solo Señor, una sola fe, un solo bautismo; un solo Dios y Padre de todos, que está sobre todos y por medio de todos y en todos".[116] Dios no tiene límites; está en todo lugar de su creación. Existe un proverbio chino que dice: "Si quieres saber cómo es el agua,

---

no le preguntes al pez".[117] Pero si quieres saber cómo se originó todo, entonces pregúntale a Dios y a su Manual- La Biblia-, pues desde el mismo principio, dice: "*Dios, en el principio, creo los cielos y la tierra*". Es decir que el Manual de Dios, desde el principio "no intenta probar la existencia de Dios. Es evidente".[118] En el último libro de este maravillo Manual, dice: "*...Santo, santo, santo es el Señor Dios Todopoderoso, el que **era** y que **es** y que ha de **venir***".[119] Ambos textos nos afirman que Dios el Creador es suficiente para ayudarnos en cualquier circunstancia y al mismo tiempo nos da una esperanza segura porque el Creador ERA, ES y ha de VENIR. Es decir, no hay nadie como el Creador del mundo y del ser humano.

Sin embargo, existe un problema. Philip Yancey en su libro titulado: *La Oración*, comienza el capítulo cinco con una declaración del filósofo Blaise Pascal, que dice: "Si el hombre no fue hecho para Dios, ¿Por qué es feliz solo en Dios? Si el hombre fue hecho para Dios, ¿por qué se opone tanto a Dios?", y luego agrega, diciendo que: "El propósito por el que existe la oración no es hacernos la vida más fácil, ni darnos poderes mágicos, sino lograr que conozcamos a Dios".[120] La verdad es que necesitamos de Dios para ser felices; necesitamos conocer a nuestro Creador para vivir el bienestar espiritual. Es por este

---

[117]   P. D. Bramsen. Un Dios Un mensaje: Descubre el misterio haz el viaje. (Grand Rapids, Michigan. Editorial Portavoz, filial de Kregel Publications. 2011), 59.

[118]   P. D. Bramsen. Un Dios Un mensaje: Descubre el misterio haz el viaje. (Grand Rapids, Michigan. Editorial Portavoz, filial de Kregel Publications. 2011), 7.

[119]   Apocalipsis 4:8, (NVI).

[120]   Philip Yance. *La Oración; ¿Hace alguna diferencia?* Miami, Florida. Editorial Vida. 2014), 63.

contexto que el apóstol Pablo nos invita a que alabemos al Creador por su misericordia y su cuidado, diciendo: *"Alabado sea Dios y Padre de nuestro Señor Jesucristo, Padre misericordioso y Dios de toda consolación, quien nos consuela en todas nuestras tribulaciones...".*[121] Nuestro Creador quiere darnos un BIENESTAR ESPIRIRUAL.

Jesucristo. Dios en la carne; tomó esta decisión para entrar a la humanidad, convivir con ella, hacerse conocer por ella y morir por ella. Es el Logos de Dios, la palabra expresada por el Creador pero al mismo tiempo el Creador encarnado en la persona de Jesús en quien hemos visto su gloria, pues: "... el Verbo – el Logos de Dios- se hizo hombre y habitó entre nosotros. Y hemos contemplado su gloria, la gloria que corresponde al Hijo unigénito del Padre, lleno de gracia y de verdad". Por cierto, una gloria que no fue comprendida por su generación, nuestra gente contemporánea la conoce pero la ha puesto de lado; la está olvidando. Sin embargo, este es el Dios que ha llegado a ser nuestro Salvador personal, y el que nos garantiza una eternidad gloriosa en las Mansiones Celestiales; fue el mismo Señor Jesucristo quien dijo: "No se angustien. Confíen en Dios, y confíen también en mí. En el hogar de mi Padre hay muchas viviendas, si no fuera así, ya se los habría dicho a ustedes. Voy a prepararles un lugar".[122] ¿Te das cuenta, compañero? Jesucristo nuestro Señor y Salvador personal tiene cuidado de todo aquello que le pertenece – y nosotros, los cristianos, le pertenecemos - y nunca permitirá que sus redimidos vivan en temor, sino que siempre procurará el BIENESTAR ESPIRITUAL para cada uno de nosotros.

---

[121] 2 Corintios 1:1, (NVI).

[122] Juan 1:14; 14:12, (NVI).

El Espíritu Santo. De este Ser infinito, la Biblia dice: "*Dios es Espíritu*' (Juan 4:24). Dios es el Espíritu invisible, infinito y personal que está presente en todos los lugares a la vez. Aunque no necesita cuerpo, tiene la habilidad y la libertad de manifestarse como Él desea".[123] Este Dios invisible es el Consolador, por lo tanto, cuando llegue el temor a nuestras vidas, si es que llega, su trabajo es consolarnos en cualquier circunstancia de angustia o temor. Jesucristo, el Logos de Dios, dijo: "Si ustedes me aman, obedecerán mis mandamientos. Y yo le pediré al Padre, y él les dará otro Consolador para que los acompañe siempre: el Espíritu de verdad, a quien el mundo no puede aceptar porque no lo ve ni le conoce", y en este caso, nosotros los cristianos tenemos un gran privilegio, porque nosotros sí conocemos al Espíritu Santo y, no solamente lo conocemos sino que aun más, él vive en nuestro ser; ¡es parte de nuestra vida espiritual! También es parte de nuestro testimonio de que somos hijos de Dios. Es, pues, el Señor Todopoderoso en el cual tenemos libertad. Es una libertad en la cual él mismo nos procura el BIENESTAR ESPIRITUAL.[124]

¿Compañero, lo notaste? En la teología del libro de Deuteronomio encontramos "el 'credo' de Israel, o para emplear la palabra inicial que se ha convertido en su nombre judío, el *shema*: Oye, Israel: Jehová nuestro Dios, Jehová uno es. Y amarás a Jehová tu Dios de todo tu corazón, y de toda tu

---

[123]   P. D. Bramsen. *Un Dios Un mensaje: Descubre el misterio haz el viaje.* (Grand Rapids, Michigan. Editorial Portavoz, filial de Kregel Publications. 2011), 80.

[124]   Romanos 8:9, 16; 2 Corintios 4:13.

alma, y con todas tus fuerzas".[125] Alguna vez te has preguntado: ¿por qué estas recomendaciones? ¿Por qué amar al Dios UNO con todo el corazón, con toda el alma y con todas las fuerzas? Compañero, creo que el UNO requiere este tipo de amor porque La Santa Trinidad está dispuesta a darnos Un BIENESTAR ESPIRITUAL, si logramos amarlo de esas maneras. Además, creo que esta es una de las razones por las cuales el apóstol Pablo, dijo: "Bendito sea el Dios y Padre de nuestro Señor Jesucristo, padre de misericordias y Dios de toda consolación, el cual nos consuela –por medio del Espíritu Santo- en todas nuestras tribulaciones, . . ."[126]. El Dios Trino y UNO a la vez, "nos consuela en todas nuestras tribulaciones" para que siempre disfrutemos del BIENESTAR ESPIRITUAL.

IV.- BIENESTAR FUTURISTA.

Algunos piensan que el bienestar es solamente para este mundo pero, a la luz de la Escritura ese pensar es erróneo. La señora Elena G. de White, haciendo mención de los terrores de los perdidos, escribió diciendo: "Cuando la tierra se bambolee como un ebrio, cuando los cielos se estremezcan y venga el gran día del Señor, ¿Quién podrá estar firme?"[127] ¿Qué respondemos? Compañero, ¿qué le respondemos a la señora White? Bueno, le decimos que la fe del profeta Isaías en Dios no le permitirá bambalearse como un ebrio sino que les dice a sus paisanos que Dios tiene cuidado de ellos todo el tiempo y aun en el

[125] William Sanford Lasor, David Allan Hubbard y Frederic William Bush. *Panorama del Antiguo Testamento: Mensaje, forma y trasfondo del Antiguo Testamento*. (Grand Rapids, Michigan. Libros Desafío. 2004), 179.

[126] 2 Corintios 1:1-2, (RV, 1960).

[127] Elena G. de White. *Eventos de los últimos días*. (Miami, Florida. 1992), 277.

futuro, anima a su pueblo a confiar en el Señor diciéndoles que: "Ninguna arma forjada contra ti prosperará, y condenarás toda lengua que se alce contra ti en juicio." Es decir que, el bienestar que Dios ofrece es también para el futuro, pues, luego, el profeta, agrega, diciendo: "Esta es la herencia de los siervos de Jehová".[128] El futuro con Dios es de BIENESTAR no de temor ni de angustia y mucho menos de incertidumbre: ¡Es una seguridad bienhechora con Dios a nuestro lado!

Dentro de la farándula en los Ángeles, California, se encuentra la Banda llamada "*Santa Cecilia*", que en el 2014 no les fue nada difícil volver a sus raíces. ". . .la banda angelina, ganadora de un premio Grammy por mejor algún de rock latino y alternativo. . ." comenzó a tocar en La Placita Olvera en los Ángeles California. Al ser descubierto su capacidad musical e interpretativa, fueron llevados a Nueva York en donde adquirieron éxito musical. La gira musical que se inició en Nueva York por varias partes de los Estados Unidos en donde siguieron cantando las canciones que entonaron en la Placita Olvera – una de ellas es: "'*Leña de pirul*', escrito por Tomás Méndez"-. Su gira termino en la ciudad de Riverside, California. Es decir que, ¡*La Santa Cecilia*. . . volvió a sus raíces![129]

¿Sabías que Dios nos ha permitido estar en este mundo de "gira"? Nosotros los cristianos no estamos en este mundo para vivir aquí para siempre, nuestro futuro no es terrenal sino Celestial. El apóstol Pablo, dijo: "Fíjense bien en el misterio que les voy a revelar: No todos moriremos, pero todos seremos transformados, en un instante, en un abrir y cerrar de ojos, al

---

128   Isaías 54:17, (RV, 1960).

129   Farándula. La Santa Cecilia: 'Volviendo a las raíces". (Los Ángeles, California. Periódico NEXT. Semana del 14 de abril de 2017), 1

toque final de la trompeta".[130] Aunque no hayamos comenzado
en Nueva York; desde el lugar en donde tú hallas nacido, allí haz
comenzado tu "gira" en este mundo, y un día menos pensado
volveremos a nuestras raíces; es decir, volveremos a Dios nuestro
Creador. Somos hechura suya, dice Pablo y nuestra labor en esta
"gira" por el mundo es hacer buenas obras; las obras de Dios.
La Santa Cecilia hizo su gira cantando, nosotros demos estar
haciendo las obras de Dios.[131] *La Santa Cecilia* llegó a la ciudad
de Riverside, California, nosotros llegaremos al mismo trono de
Dios. ¡Nos espera un bienestar futurista!

Y, por si eso fuera poco, el bienestar que Dios nos ofrece; que
se logra estando con Dios, es algo que se hereda en el Señor por
la única y bendita misericordia de nuestro Salvador. Además,
en esa bendita herencia divina, también somos justificados. Así
lo afirma nuestro guía en esta tierra bendita llamada Palestina
o la Tierra Santa, al decir: "Esta es la herencia de los siervos del
SEÑOR, y su justificación viene de mi - declara el SEÑOR".[132]
Esto que: ¡En el bienestar del Señor somos más que bendecidos!

En consecuencia, pues, *Tenemos la ayuda económica*. Pablo
dijo que los hermanos de la iglesia de Corinto en medio de la
tribulación "la abundancia de su gozo y su profunda pobreza
abundaron en riquezas de generosidad".[133] En ese bienestar
*Tenemos la seguridad de una familia saludable. Tenemos un
futuro de gozo no de inquietud.*

---

[130]   I Corintios 15:51-52, (NVI).

[131]   Salmo 100:3; Efesios 2; 10.

[132]   Isaías 54:17b, (NVI).

[133]   2 Corintios 8:2, (RV 1960).

Existe, pues, en ese BIENESTAR divino *una ayuda espiritual* que nadie más puede dar; solamente el Dios de las Santas Escrituras: la Biblia. Jesucristo dijo: "… ahora están tristes, pero cuando vuelva a verlos se alegrarán, y nadie les va a quitar esa alegría".[134] ¡Hay un futuro glorioso y una conciencia espiritual segura y agradable para todos aquellos que confiamos en el poder salvífico de Jesucristo!

¡El Dios del profeta Isaías es especialista en dar bienestar en todos los sentidos! ¡Únete a Él! Compañero, no te separes del Señor.

---

[134]   Juan 16:23, (NVI).

La Pica Espiritual

> Todos los sedientos, venid a las aguas; y los que no
> tenéis dinero, venid, comprad y comed.
> Venid, comprad vino y leche sin dinero y sin costo
> alguno. ¿Por qué gastáis dinero en lo que no es pan,
> y vuestro salario en lo que no sacia? Escuchadme
> atentamente, y comed lo que es bueno y se deleitará
> vuestra alma en la abundancia.
>
> Isaías 55:1-2

"EL ESCRITOR CLYDE M. Narramore, en su *Enciclopedia de Problemas Psicológicos*, cuenta la historia de un paciente que fue llevado al médico por una vecina que en varias ocasiones había visto al paciente comiendo tierra. Ella era testigo de que la madre del paciente estaba embarazada y a punto de dar a luz y que ella pensaba que por eso desatendía al otro niño; el que comía tierra; ella le estaba ayudando al llevar al niño al hospital.

El niño era uno de los cinco hijos que juntamente a sus hermanos, todos eran menores de diez años. Tanto la madre como el padre eran de educación muy escasa.

También los vecinos eran testigos de que el niño comía tierra desde que comenzó a gatear. Esa es parte de la razón por la cual el niño constantemente estaba enfermo y con un desarrollo anormal.

El examen médico practicado en el hospital afirmó que el niño estaba desnutrido. Se pensó que su grado de inteligencia fuera baja a comparación de otros niños de su misma edad. Efectivamente, cuando en la Clínica de Salud Mental se le aplicaron test de inteligencia se reveló que el niño se encontraba en un nivel de inteligencia torpe normal.[135]

El relato anterior es un problema físico-sicológico llamado *Pica* o *Malacia*. "La pica es un trastorno que a veces se encuentra en los niños o en los adultos que padecen trastornos sicóticos caracterizados por regresión grave. En este trastorno la persona parece obtener placer comiendo tierra, papel, y otros desperdicios. Ha habido casos de individuos que comen pintura, ropa y excrementos humanos."[136]

Por lo general, la pica se encuentra más a menudo entre niños de capacidad intelectual inferior a lo normal. También se encuentra entre aquellos niños que viven en hogares de bajo nivel moral y económico. En ocasiones la pica se encuentra en donde hay una hostilidad muy arraigada. Allí donde hay rechazo, ansiedad y tensión excesiva, son hogares en donde la pica es propensa a desarrollarse, causando el apetito pervertido.

---

[135]   Clyde M. Narramore. Tr., Fernando Villalobos. *Enciclopedia de Problemas Psicológicos.* Editorial Unilit.
Miami, Florida. 1990, pág. 162.

[136]   Clyde M. Narramore. Tr., Fernando Villalobos. *Enciclopedia de Problemas Psicológicos.* Editorial Unilit.
Miami, Florida. 1990, pág. 161.

¿Sabías, mi amigo lector, que la *pica espiritual* también existe entre los niños espirituales? Conozco más de uno de ellos. En un hogar, por ejemplo, donde todos son cristianos, se está pagando mensualmente por el uso del cable de televisión, más otro tanto por Galavisión. Estaban, también pensando en días pasados, pagar por HBO. Usualmente los fines de semana rentan de cuatro a ocho películas; algunas de ellas las ven después de llegar del cine. Otros videos y casetes los han comprado. En uno de los cuartos se puede ver el televisor, la video grabadora, audífonos, un buen número de películas, otro tanto de discos compactos, el estéreo con capacidad para casetes y discos compactos y, además, un equipo de nintendo. Es decir que allí, en ese hogar, ¡hay una fuga de dinero interminable! ¡Con razón tienen tantas deudas!

Pero, ¿cuál es el mayor problema en ese hogar? La insatisfacción. Todo eso no los ha saciado. Aún están pensando en comprar un televisor más grande y un buen equipo para poner discos compactos en dicho televisor. Debo aclarar que ya tienen cuatro televisores y tres videocaseteras bajo su techo.

Ahora bien, ¿qué es realmente lo que está pasando en dicho hogar? Nada más y nada menos que están comiendo la tierra, la basura, el papel y el excremento del mundo.

Entonces, pues, mi amigo lector, ya te imaginarás en que condición espiritual están los que viven bajo ese techo. Allí se puede ver la hostilidad; un pequeño desacuerdo o una sola palabra y más de uno de los niños espirituales explota en cólera o rabietas de nerviosismo y enojo. La ansiedad y la tensión nerviosa son comunes entre ellos. En fin, allí, ¡Hay un apetito espiritual pervertido!

"La pica puede desaparecer rápidamente en los niños de inteligencia promedio cuando se les suministra alimento aceptable y se les vigila para no permitirles comer objetos impropios".[137] De igual manera, la pica espiritual puede desaparecer rápidamente si tan sólo se suministra alimento espiritual; ese alimento que ayuda al alma y al espíritu desarrollarse correctamente en todos los aspectos: Moral, espiritual, emocional y social. La pica espiritual desaparecerá rápidamente si tan sólo se le permite al alma comer aquello que la *"sacia"*; aquello *"que es bueno"* para el espíritu.

Y todo eso que *"sacia"*, todo eso *"que es bueno"* para el espíritu es, de acuerdo al profeta Isaías, completamente gratuito; es un don o regalo de Dios. Es algo que uno puede obtener *"sin dinero y sin costo alguno."* Es un pan celestial. Es como el maná del cielo que los israelitas comieron en el desierto, no lo compraron; no pagaron nada por él y, sin embargo, sí los sació día con día por cuarenta años. Todo lo que ellos tenían que hacer era salir al campo, recogerlo y comerlo. Y así, todo su ser era saciado en todo el día.

Mi amigo, mi amiga, no malgastes *"el dinero en lo que no es pan"* espiritual. No hagas lo que el borracho que, antes de llegar al hogar con su cheque o salario semanal, pasa a la cantina y allí se lo gasta *"en lo que no sacia",* mientras tanto, su familia mendiga el pan diario.

El consejo para hoy es que "Dios tiene misericordia para todos", por lo tanto, hace la solemne invitación, diciendo:

---

[137]   Clyde M. Narramore. Tr., Fernando Villalobos. *Enciclopedia de Problemas Psicológicos.* Editorial Unilit.
Miami, Florida. 1990, pág. 162.

"Escuchadme atentamente, y comed lo que es bueno, y se deleitará vuestra alma en la abundancia. Inclinad vuestro oído y venid a mí, escuchad y vivirá vuestra alma; y haré con vosotros un pacto eterno, *conforme a las fieles misericordias mostradas a David."*

(Isaías 55:2b-3, RV).

Esas *"misericordias mostradas"* por el médico divino, allí están en Su palabra; la Biblia, esperando a que tú y yo solamente las leamos, las recojamos y las comamos para *que "viva nuestra alma"* una vida saludable.

La pica espiritual, al igual que la sicológica, te arruinará de por vida. En tanto que la misericordia y sanidad de Dios te hará entender los grandes misterios de Dios. Aunque, como dijera el profesor Kevan, hablando de la finitud del conocimiento humano: "No podemos saberlo todo (Job. 11:7; Romanos 11:33)",[138] si seremos más sanos y algo más sabios que aquel que vive alimentándose de las mundanalidades.

Al esforzamos poniendo atención a tipo de alimento que le damos a nuestra alma y espíritu, si es saludable, entonces, Jesucristo pondrá Su mente en tu mente,[139] de tal manera que cualquier problema físico, sicológico o espiritual será sanado, comenzando con la mente.

Además, hará que todo tu ser, cuerpo, alma y espíritu, una vez que han sido sanados busquen al Señor y sus manjares espirituales, pues, el Dios de Isaías y nuestro, es el mejor Chef del universo.

---

[138]   José Grau. *Curso de Formación Teológica Evangélica. Tomo I. Introducción a la Teología.* Editorial Clie. Barcelona, España. 1990, 49.

[139]   I Corintios 2:16.

Una vez satisfecho el campo espiritual, todo lo que tú eres; cada una de tus partes tanto físicas como espirituales se conjugarán para alabar y gritar de júbilo, cual niño completamente sano, diciendo: ¡Viva vuestro Dios para siempre! Porque vine a mi Dios y compré *vino y leche*; todo aquello *que es bueno* lo comí y todo mi ser fue sanado y saciado.

¡Gloria a Dios por su misericordia!

Haced Justicia

Así dice el Señor:
Preservar el derecho y haced justicia, porque mi
salvación está para llegar y mi justicia para ser
revelada.
Cuán bienaventurado es el hombre que hace esto, y
el hijo del hombre que a ello se aferra; que guarda
el día de reposo sin profanarlo, y guarda su mano
de hacer mal alguno.

Isaías 56:1-2

ERA UN DÍA veraniego en la ciudad de Córdoba,
Veracruz, México, cuando el doctor John F. Hall me
dijo que un hermano en Cristo procedente de Texas,
USA, llegaría al Aeropuerto Internacional de la ciudad de México
al día siguiente. Y agregó: "Ve por él. Se quedará con nosotros
por algunos días, probablemente como unas tres semanas."

Al día siguiente, manejando el Ford Fermond, propiedad
del doctor Hall llegué al sitio indicado y allí estaba, en la
sala de llegadas internacionales un hombre como de unos 50
años de edad; se veía fuerte y muy amigable. ¡Y sí que lo era!
Afortunadamente hablaba español. Así que, de regreso a la
ciudad de Córdoba, ambos nos reímos durante las cuatro horas

y media de viaje mientras nos contábamos chistes y experiencias de todo tipo.

En fin, nuestro huésped llegó para trabajar entre nosotros durante sus vacaciones. Por tal motivo, al día siguiente comenzó sus actividades vacacionales asistiendo a algunas clases bíblicas, matando pollos para la comida, limpiando chiqueros, trabajó en el jardín, se metió en la cocina para lavar los platos, durante la hora de los deportes, también allí estaba participando de todas las actividades. ¡Vaya vacaciones!

El viernes de esa misma semana, me acompañó para hacer algunas visitas de las misiones en la sierra de Oaxaca. ¡Fue una gran bendición estar con él durante ese fin de semana!

El día lunes, muy de mañana estábamos llegando de regreso a la ciudad de Córdoba, Veracruz, pues yo tenía que enseñar mi clase de *Geografía Bíblica* ese mismo día a las 10:30 a.m. Con la presencia de nuestro visitante, ¡Todo marchaba perfectamente bien para mí!

Sin embargo, ese mismo día lunes, por la tarde, antes de la hora de los deportes, Henry (ese era el nombre de nuestro huésped), se me acercó preguntándome: "¿Cuál día descansas?" Yo había sido educado que el Ministro Evangélico es un siervo de Dios durante las veinticuatro horas del día y los siete días de la semana. Así que le respondí que no descansaba ningún día. Que no había tiempo para ello. Antes de proseguir con mi argumento, Henry me dijo: "No seas estúpido". Fue su último comentario antes de comenzar a jugar.

La palabra *"estúpido"* o *"idiota"* en México es ofensiva, por tal motivo, me molestó su tajante y muy corto comentario. Pero, en fin, traté de olvidarlo y seguí con las actividades de la *Escuela Bíblica* y las misiones de la sierra.

El día jueves hicimos los preparativos para salir al día siguiente muy temprano hacia las misiones. Nuevamente Henry me acompañó.

Después de la predicación el domingo por la noche en la misión de San Benito, Oaxaca, cenamos y nos despedimos de los hermanos. En la madrugada del lunes estábamos llegando al estacionamiento de la *Escuela Bíblica* en la ciudad de Córdoba y allí, mientras descargábamos la camioneta, Henry me volvió a preguntar: "Eleazar, ¿cuál es tu día de descanso?" Entonces, tomé un poco de tiempo y le di mis razones bíblicas, teológicas y razonables para no descansar un día a la semana. Sentí como que no me ponía atención, pues nuevamente su comentario fue: "No seas estúpido."

Ese fin de semana había predicado cuatro veces. Había estado en tres reuniones con los líderes eclesiásticos de la zona que habíamos visitado tratando los problemas y posibles soluciones a los problemas de las misiones. Había manejado más de trescientos kilómetros. Estaba cansado, con sueño y preocupado por los problemas de una iglesia a punto de dividirse. Y, cuando pensé que había hecho todo lo posible por ayudar a las misiones, mi acompañante, sí, aquel texano que nos visitaba, en lugar de felicitarme, me decía que era un idiota, que era un estúpido. Además, ¡era ya la segunda vez que lo decía! ¡Eso realmente me molestó! Me fui a la cama para dormir por unas tres horas, pero, me fui muy molesto. ¡Mi acompañante me había amargado el viaje misionero!

En la primera oportunidad que tuve me quejé con el director de la *Escuela Bíblica*, diciéndole que su paisano me había tratado de idiota; de estúpido ya por segunda vez, y por supuesto, le dije, que yo no era ningún estúpido o idiota y por ende, no volvería a manejar con él ni para él.

Pacientemente el doctor Hall me explicó el significado de la palabra *"estúpido"* en su contexto norteamericano y agregó diciéndome que Henry tenía razón; que yo, verdaderamente era un estúpido. Y que yo mismo lo sabía. "Un día de descanso a la semana es lo que Dios demandó a su pueblo Israel y lo dejó escrito en Su Decálogo.[140] El propósito de ese día era, además de descansar de la rutina del trabajo, era también para adorar a Dios de una manera más tranquila, dejando toda actividad manual o mental a un lado. Además, es un tiempo para estar con la familia. ¿No es eso lo que tú enseñas en *Introducción al Antiguo Testamento?*"

Lo que yo no había notado, pues estaba encerrado con la educación teológica de mis antepasados, era que, primero, el profeta Isaías dice: "Así dice el Señor".[141] Es decir, es algo de Dios no del profeta. "De esta forma el profeta pone de manifiesto lo fundamental y lo necesario del tema de la justicia para la vida y el futuro del pueblo".[142] Dios siempre está pendiente de sus siervos, ¡siempre busca el bienestar para ellos! Un día de descanso es hacer justicia a los mandamientos de Dios. Practicar la justicia, es decir, obedecer las normas de Dios en todos los sentidos, en este caso, compañero, guardar un día

---

[140]   Éxodo 20:8-11, (RV1960).

[141]   Isaías 56:1, (NVI).

[142]   Samuel Pagan. *Isaías: Serie Conozca su Biblia.* (Minneapolis. Editorial Augsburg Fortress. 2007), 190.

para descansar, "es más que un acercamiento legal a la vida; es la afirmación y la incorporación de la justicia en los estilos de vida de los individuos y de la comunidad".[143]

Consciente de la situación, comencé a guardar un día de descanso a la semana. Poco a poco noté los resultados de mi obediencia al "*Día de reposo*." Eran resultados positivos, porque, "Cuán bienaventurado es el hombre que hace esto, y el hijo del hombre que a ello se aferra; que guarda el día de reposo sin profanarlo".[144]

Eso, sí, mi estimado compañero, mi estimada amiga, o hermano en Cristo, ¡eso es HACER JUSTICIA! Cumplir todo lo ordenado por Dios. Si él mismo estableció y él mismo reposó el séptimo día,[145] ¿por qué no hacerlo nosotros también? ¿Por qué no obedecer ese mandamiento del Decálogo mientras los otros sí los obedecemos? ¿Por qué estar violando el derecho y lo que es justo delante de Dios?

Ya que Isaías nos está invitando a hacer lo que es justo y recto delante de nuestro Dios, ¿Por qué no hacerlo? ¡Claro que sí! Hay que cumplir su pacto, sus leyes, sus ordenanzas, sus decretos. Todos ellos no son difíciles de cumplir estando en Cristo Jesús y, además, ¡todos ellos son en beneficio nuestro! Por ejemplo, preguntemos:

¿Por qué hacer justicia?

---

[143] Samuel Pagan. *Isaías: Serie Conozca su Biblia*. (Minneapolis. Editorial Augsburg Fortress. 2007), 190

[144] Isaías 56:2, (RV).

[145] Génesis 2:2.

El término hebreo que declara justicia o recto es *saddiq*. Regularmente se traduce como justos. Los fariseos en el tiempo de Cristo se consideraban *"saddiqueos"* (*Los justos, los apartados, o los rectos*), porque también *saddig*, se puede traducir como *recto* o *derecha*. Entre los griegos la palabra para justicia era *dikaios*. Este término, en la sociedad griega, hacía referencia a lo que está de acuerdo con la ley o norma social. Con este contexto, la pregunta que he hecho: ¿Por qué hacer justicia? Tiene su respuesta en los siguientes tres postulados:

I.- PORQUE PRONTO VIENE EL SEÑOR JESUCRISTO POR NOSOTROS.

Las palabras del Señor con las que comienza este Salmo 56 son alentadoras pero al mismo tiempo de alerta. Compañero, nota lo que dice Dios: "Así dice el Señor: 'Observen el derecho y practiquen la justicia, porque mi salvación está por llegar; mi justicia va a manifestarse'." Fijemos nuestra atención a esta expresión de Dios: *"Porque mi salvación está para llegar"*.146 El profeta Isaías hablaba de la presencia de Dios entre su pueblo judío. Y sí, el Señor llegó a su pueblo más de una vez para librarlos de sus opresores: fueron libres de la esclavitud de Egipto; fueron libres de los ataques de los enemigos mientras conquistaban la Tierra Prometida, fueron libres por medio de los jueces levantados o puestos por Dios de la opresión que los pueblos vecinos los sometieron y ahora, el profeta les dice que Dios los va a liberar de la esclavitud de Babilonia. Ahora nosotros sabemos por la Historia Sagrada que sí fueron liberados del poder babilónico.147

---

146 Isaías 56:1, (NVI).

147 Los libros de Esdras y Nehemías relatan la libertad otorgada por Ciro, rey de Babilonia.

Cuando leemos el Nuevo Testamento nos damos cuenta que uno de los temas escatológicos presentados en este libro es la Segunda venida de Jesucristo. Es un evento en el que la Iglesia Cristiana será trasladada (raptada)[148] a otra dimensión. Su antecedente es la encarnación de Dios en Jesucristo con el fin de llegar a este mundo y hacer o edificar Su Iglesia.[149]

Ciertamente, el día y la hora de la Segunda venida de Jesucristo no la sabemos. Lo que sí entendemos es que, mientras Jesucristo estuvo encarnado y caminando sobre los polvorientos caminos de Palestina – en especial en Galilea y Judea -, siempre hizo justicia. Sabía que su tiempo era muy corto y por eso comenzó Su ministerio anunciando justicia. El apóstol Mateo, dijo que casi inmediatamente después de que Jesús fue bautizado en el río Jordán por Juan el Bautista, lo hizo para cumplir con toda justicia. Por cierto, Juan no lo quería bautizar, pero Jesús le dijo que lo hiciera porque de esa manera cumplirían "toda justicia".[150] Notemos, compañero que, Jesús dijo en plural; tanto Juan el Bautista como Jesús estaban haciendo justicia.

El Profeta Isaías había profetizado, diciendo: "Porque mi salvación está para llegar".[151] En la escatología neo testamentaria, ¡llegó! Llegó en la persona de Jesús el cual había estado esperando ese momento durante sus treinta años terrenales. Cuando Juan el Bautista comienza su ministerio, Jesús sabe que ha llegado su hora; la hora de hacer justicia. Deja Nazaret en Galilea y se encamina al río Jordán para que Juan lo bautizara.

---

148   I Corintios 15:1-57; Filipenses 2:1-11; Colosenses 3:1-4; I Tesalonicenses 4:13-5:1-11; 2 Tesalonicenses 2:1-12.

149   Mateo 16:13-19.

150   Mateo 3:13-4:1-16.

151   Isaías 56:1b.

Ahora bien, el bautismo que Juan estaba realizando era para arrepentimiento, por consiguiente, Jesús, no tenía ninguna razón para ser bautizado; como judío, no debería hacerlo, pues, todos los judíos se consideraban sin pecado; eran el pueblo de Dios. El bautismo era para los prosélitos no para los judíos. Una segunda razón por la cual Jesús no debería de ser bautizado era porque él no tenía pecado. El bautismo de Juan era para arrepentimiento de sus pecados. Pero, Jesús, tal y como lo entendemos, no tenía ningún pecado.

¿Por qué, entonces, se bautizó? Él lo dijo: "... porque así conviene que cumplamos toda justicia".[152] Luego, pues, tanto Juan el Bautista como el mismo Señor Jesucristo cumplieron con hacer justicia; la justicia de Dios. Si volvemos a leer Mateo 3:5-6, notaremos que: "Nunca antes había habido un movimiento así de arrepentimiento y búsqueda de Dios"[153], en toda la Palestina de ese entonces. ¡Era el tiempo de hacer justicia! ¿Por qué? Porque la salvación profetizada por Isaías había llegado. "Era el mismísimo momento que Jesús había estado esperando. El pueblo era consciente de su pecado y de su necesidad de Dios como nunca antes. Esta era su oportunidad; y en Su bautismo Se identificó con todas las personas que había venido a salvar, en el momento del nuevo despertar de su conciencia y de su búsqueda de Dios".[154]

---

152   Mateo 3:13; 3:2,5-6; 3:15, (RV)

153   William Barclay. *Comentario al Nuevo Testamento: Mateo I: Volumen 1.* (Terrassa (Barcelona), España. Editorial Clie. Trd. Alberto Araujo. 1997), 77.

154   William Barclay. *Comentario al Nuevo Testamento: Mateo I: Volumen 1.* (Terrassa (Barcelona), España. Editorial Clie. Trd. Alberto Araujo. 1997), 77.

Juan y Jesús hicieron justicia; cada uno cumplió lo que Dios había programado desde antes de la fundación del mundo. Un buen ejemplo para nosotros, pues Dios, no solamente ha enviado su Salvación con Su Salvador, sino que, también nos ha creado en Cristo Jesús para hacer buenas obras;[155] es decir, para hacer justicia.

II.- PORQUE PRONTO DARÁ EL PAGO JUSTO A CADA UNO.

El segundo postulado o declaración del porque debemos hacer justicia es porque si estamos esperando la Segunda venida de Jesucristo; y creemos que pronto vendrá, entonces, también creemos que muy pronto dará el pago justo a cada uno de los que nos ha redimido y llamado para servir en su reino. El Señor ha dicho por medio de su profeta Isaías esta declaración: *"Y mi justicia para ser revelada"*.[156] Son palabras de Dios y, las palabras de Dios son verdad y justas, por consiguiente, se cumplen. ¡Dios dará el pago justo a cada uno! De esto no hay duda en toda la Biblia: Dios es justo, es uno de los lemas sobresalientes que se encuentran en la Sagrada Escritura.[157]

La noticia sobresaliente de los primeros nueve días del mes de junio de 2017, fue la declaración del Ex director del EFI, James Comey, quien fue despedido de su cargo por el Presidente Donald Trump el 9 de mayo del mismo año. Llegó el día ocho de junio y Comey se presentó ante el Senado de los Estados

---

[155]   Efesios 2:10.

[156]   Isaías 56:1c, (NVI).

[157]   Salmo 9:8; 103:6; 119:142; 146:7; Proverbios 21:2; 29:16; Eclesiastés 3:16-17; Isaías 5:15; 11:4; 28:5-6; Jeremías 9:24; Ezequiel 18:25-27; Miqueas 7:9; Hechos 17:31; Romanos 14:17; 2:5-6; Hebreos 10:30.

Unidos de América para dar sus declaraciones del por qué había sido despedido de su cargo en el EFI. Los periódicos del día nueve de junio anunciaron en frases cortas pero profundas las palabras de James Comey. El *New York Post: National Edition*, en su primera página tenía la fotografía de Comey haciendo su juramente de pie ante el Senado con los ojos cerrado y con la mano derecha arriba. En la misma página, sobre la fotografía de Comey, una palabra y un símbolo que decía: "Lordy!" (¡*Dios!*). Con letras más pequeñas, decía: "One crazy day on Capitol Hill". (*Un día loco en el Capitolio*). En las páginas 4 y 5, una declaración con letras grandes que decía: "Pres lied, 'Plan & simple': Comey". (*El Presidente mintió, 'simple y llanamente': Comey*).[158]

El *Union-Tribune* de San Diego, en su primera página, escribió: "Comey decries White house 'lies': Ex_EFI Chief say Trump pressured him to drop Flynn probe". (*Comey condena Casa blanca 'mentiras': El Ex jefe del EFI dijo que Trump lo presionó para soltarle la sonda a Flynn*".).[159] El Periódico *Los Ángeles Time* presentó en su primera página un letrero que decía: "Comey accuses Trump of 'lies, plain and simple'."[160] (*Comey acusa a Trump de 'mentiroso, simple y llanamente'*). Las semanas siguientes, como era de esperarse, la política siguió. Puesto que la política estadounidense se guía por las maniobras humanas y no divinas como debería de ser – hay que recordar que la

---

[158]   Marisa Schultz, Ruth Brown & Bob Fredericks. *The comey show.* (New York. USA. New York Post. Viernes 9 de junio de 2017), 1, 4-5. Nypody. com

[159]   Charlie Savage. *Comey decries White House 'lies'.* (San Diego, California. Union-Tribune. Viernes 9 de junio de 2017), 1. Sandiegouniontribune.com

[160]   Cathleen Decreer. *Comey accuses Trump of 'lies, plain and simple'.* (los Ángeles, California. Periódico Los Ángeles Time. Vienes 9 de junio de 2017), 1. Latimes.com

Constitución de Estados Unidos de América fue hecha en base
a los principios divinos escritos en la Biblia-[161], pero. Después de
doscientos años el intelecto humano ha pensado que es superior
al divino y ha estado haciendo justicia a su manera. Es un acto
que no tiene fin. Por ejemplo, el 17 de junio de 2017, en una
revista popular, apareció un anuncio que abarcó dos páginas que
decía: "Fired Comey cover-up scandal!" (¡Escandalo encubierto
del recién despedido Comey!) Es el título de un artículo en
donde se dice que el Ex jefe del FBI borró el record de su sobrino
cuando fue arrestado mientras estaba borracho en Disney World
en la Florida.[162] ¡Se sacaron los trapos sucios! Así es la justicia
humana.

¡Justicia! ¡Justicia! Eso es lo que el pueblo de Estados Unidos
estaba pidiendo. Esto es lo que el mundo necesita. Pero si desde
el mismo centro de justicia (en este caso de la Casa Blanca en
USA) no hay una justa, honesta y sincera justicia, ¿cómo se
moverá el estadounidense en relación a la mala administración
de la justicia? Al parecer, no habrá una clara justicia en
Estados Unidos y el mundo entero hasta que la justicia divina
sea revelada, conocida y aplicada en su totalidad. "Para los
cristianos, la justicia divina se hará efectiva en el Juicio Final o

---

[161] **La Constitución de los Estados Unidos de América 1787**. Artículo
Siete: La ratificación por las convenciones de nueve Estados bastará para
que esta Constitución entre en vigor por lo que respecta a los Estados que
la ratifiquen. Dado en la convención, por consentimiento unánime de los
Estados presentes, el día 17 de septiembre del año de Nuestro Señor de mil
setecientos ochenta y siete y duodécimo de la Independencia de los Estados
Unidos de América. (La Habra, California. La Constitución de los Estados
Unidos de América en Español. Internet. Consultado el 17 de junio de
2017), https://www.archives.gov/espanol/constitucion.html

[162] Globe. *Fired Comey cover-up scandal!*. (New York. Revista popular.
(ISSN 1094-6047). Publicación semanal por American Media, Inc. Vol.
No. 26. Junio 26, 2017).

Juicio Universal, cuando cada hombre hará rendición de cuentas con Dios, de tal forma que Dios juzgará a cada uno según lo que haya hecho en su vida"[163].

¿Será hasta entonces cuando las palabras de Isaías 56:1c, "*Y mi justicia para ser revelada*", se cumplieran? En una aplicación al cien por ciento sí se cumplirán hasta la Segunda venida de Jesucristo. Pero en la Iglesia de Jesucristo, también se puede aplicar esta justicia porque parte de la acción del Espíritu Santo es revelar ". . . todo lo que es verdadero, todo lo honesto, todo lo justo, todo lo puro, todo lo amable, todo lo que es de buen nombre;. . ." (Filipenses 4:8, (RV60). Esto, ¡esto es justicia divina! ¡Esta es la justicia revelada por Dios! Esta es la parte que nosotros podemos hacer y aplicar hoy día, Es por esta razón que el apóstol Pablo, agrega, diciendo: ". . . si hay virtud alguna, si algo digno de alabanza, en esto pensad". (Filipenses 4:8c, (RV60). ¡Ah, sí tan solo pensáramos en esto! La justicia en este mundo daría un giro considerable.

III.- PORQUE DIOS TIENE UN NOMBRE ETERNO PARA NOSOTROS.

Solamente aquel que es Eterno pudo decir esta profecía: "*Les daré nombre eterno que nunca será borrado*" (Isaías 56:5c). Lo dijo con mucha propiedad pues como Creador del ser humano lo ha hecho eterno en el sentido futurista no en el pasado, pues el ser humano aunque fue creado tiene una eternidad por delante. Entonces, pues, dar un nombre eterno al ser humano nadie más lo puede hacer sino el que es Eterno.

---

[163] Definición ABC. *¿Qué es Justicia Divina?* (La Habra, California. Internet. Consultado el 17 de junio de 2017), 1.

Esta profecía tiene un doble cumplimiento. Primero, el doctor Lucas en su Historia de la Iglesia Cristiana hace mención que cuando los creyentes en Jesús fueron esparcidos a causa de la persecución farisea que se llevó acabo en la ciudad de Jerusalén y sus alrededores, algunos de ellos llegaron a la ciudad de Antioquía en Siria y allí fundaron una iglesia en la que siguieron predicando y enseñando la doctrina de Jesucristo. A esta iglesia llegaron Bernabé y Pablo, que en ese entonces todavía era conocido como Saulo de Tarso. "Y se congregaron allí todo un año con la iglesia, y enseñaron a mucha gente; y a los discípulos se les llamó cristianos por primera vez en Antioquía". (Hechos 11:26). El movimiento de los discípulos de Jesús creció, se multiplicó y rompió linderos territoriales con el nombre de cristianos desde que se les apodó con ese nombre en la ciudad de Antioquía, apodo o nombre que ha llegado hasta nuestros días.

Segundo, de acuerdo a la carta enviada a la Iglesia de Pérgamo, al que salga victorioso de la tribulación, Dios le dará un nuevo nombre que estará escrito en una piedrecita blanca.[164] No sé cuál sea ese nombre pero, cualquiera que sea, es un nombre dado por Dios y por lo tanto, es un nombre que está escrito en su libro; el "libro de la vida".[165]

Lo cierto es que ambos nombres – tal vez sea el nombre y el apellido, como por ejemplo: *Cristiano Valiente*-, tanto el de Cristiano como el desconocido son una garantía para todo aquel que ha sido redimido por la sangre preciosa de Cristo Jesús. La Biblia dice que el que está en Cristo es una nueva criatura; también dice que somos salvos por Cristo Jesús y que en Cristo

---

[164]   Apocalipsis 2:17.

[165]   Apocalipsis 20:12

Jesús, Dios nos ha hecho sabiduría y que, los que creen en el nombre de Jesús han llegado a ser hijos de Dios.[166] Ser cristiano es una garantía tanto para el presente como para el futuro de que en Cristo tenemos y continuaremos teniendo un nombre eterno; nombre que Dios nos concede en Cristo Jesús.

Es, pues, en estos nombres en los que debemos de regocijarnos: ¡son de Dios! Si estamos atentos a estos nombres y los usamos con sinceridad no caeremos en lo que Mark Batterson llama el *Alter Ego*. Un estado social y emocional que nos puede conducir a la mentira. El Alter Ego es tratar de ser lo que realmente no somos; es decir que si somos cristianos debemos decir que lo somos con seguridad y con verdad no a medias como: "Bueno, estoy asistiendo a una iglesia cristiana pero en realidad no soy parte de ellos". Esto se dice cuando se está entre amigos. Pero cuando se está entre cristianos, el aspecto emocional cambia y entonces se declara: "¡Wau, no hay nada como ser cristiano!". "Eso es precisamente lo que sucede cuando tratamos de ser quienes no somos: . . . Al principio es divertido tener Alter Ego. Pero la carga producida por el fingimiento va creciendo, hasta que ya no podemos seguir siendo nosotros mismos. . . . Y quedamos atrapados en la mentira. Nos convertimos en esa mentira".[167]

Compañero, la sinceridad y la seguridad de quienes somos en Cristo Jesús nos hacen apropiarnos del nombre eterno con el que Dios nos ha bautizado por su pura gracia. Ser cristiano es hacerle justicia al sacrificio de Jesucristo en la cruz. Ser cristiano es hacer justicia con las obras, sentimientos, decisiones

---

[166]   2 Corintios 5:17; I Corintios 1:30; Efesios 2:8-9; Juan 1:12.

[167]   Mark Batterson. *Destino Divino: Descubre la identidad de tu alma.* (Miami, Florida. Editorial Vida. 2014),129.

y proclamaciones de que nuestro nombre eterno está escrito en el libro de la Vida. Ser cristiano es hacer justicia en este mundo injusto. ¡Aleluya por el nombre eterno que Dios nos ha puesto hoy el de la eternidad!

IV.- PORQUE EN HACER JUSTICIA ESTÁ LA ALEGRÍA QUE VIENE DEL SEÑOR.

Con vísperas al Mundial de Futbol en Rusia, en este año 2017, todos los equipos se están preparando para llegar a disputar la Copa Mundial en Rusia. El equipo de futbol mexicano no andaba muy bien, la gente mexicana tenía temor de que quedara fuera del Mundial de Futbol 2018. Se hablaba aun de cambiar al entrenador, sin embargo, la mañana del 20 de julio de 2017, el periódico *La Opinión* de California apareció en su portada con unas letras grandes y blancas con un fondo verde que decían: "El Tri cumple". Con letras más pequeñas y en color negro en la misma página, decían: "México, en su debut en la Copa de Oro, derrotó 3-1 a El Salvador para colocarse líder del Grupo C".[168] Esta victoria dio un rayo de esperanza.

Poco tiempo después, El Tri mexicano *se puso las pilas* y logró el pase al Mundial de Rusia. Los mexicanos nos alegramos por este camino a Rusia. Nos alegramos porque nuestro Equipo Mexicano nos ha hecho justicia, hasta hora. ¿Qué pasará en Rusia en el 2018? ¿Nos alegraremos con el desempeño del equipo? Aunque existe mucha perspectiva positiva no hay una seguridad de que los jugadores mexicanos puedan tener en sus manos la Copa del Mundial Rusia 2018.

---

[168] La Opinión. *El Tri cumple.* (Los Ángeles, California. Lunes 20 de Julio de 2017), 1

El otro lado de la moneda es lo que el Señor de la Biblia dice por medio del profeta Isaías: *"Y los alegraré en mi casa de oración"*.[169] Notemos que esta no es una posibilidad sino una seguridad; no dice que existe la posibilidad de una alegría en la casa de Dios como si se tratara de un juego a ganar, sino que dice que habrá alegría. Es decir, ya es la victoria, la "Copa de la bendición de la alegría" ya está, por fe, en nuestras manos.

¡Qué cosa! ¡Qué Dios se ha puesto como meta alegrarnos en Su Casa de Oración! Y en eso también está el hacer justicia. Dios siempre es justo y siempre desea la santidad de los suyos; de sus amados. Así es que, todo amado de Dios debe de estar siempre contento; no siempre alegre porque la alegría es pasajera, pero el gozo del Señor es eterno; es para hoy y para la eternidad. Es uno de los frutos del Espíritu Santo.[170] Si el Espíritu está con nosotros – y si lo está- todo el tiempo, entonces, siempre dará su fruto, claro, si se lo permitimos; si lo abonamos, si le damos suficiente luz solar, si dejamos que florezca en nuestra vida. Pablo ha dicho que no lo apaguemos;[171] que dejemos que sea él el que tome control de nuestras vidas.

Cuando dejamos que el Espíritu Santo tome control de nuestra vida, entonces, el mandato o la sugerencia de Pablo que dice: *"Estad siempre gozosos"*,[172] será, además de una realidad personal, también el cumplimiento de hacer justicia. ¿Por qué? Porque la más poderosa influencia en la tierra es una persona

---

169   Isaías 56:7b.

170   Gálatas 5:22.

171   I Tesalonicenses 5:19.

172   I Tesalonicenses 5:16, (RV).

encendida por el Espíritu Santo: contra ella, "no hay ley",[173] que la limite en hacer justicia.

Por lo tanto, mi amigo, mi amiga, mi hermano en Cristo, ¡se justo con Dios! Cumple lo que Él dice en Su palabra; la Biblia. ¡Se justo con su familia! Dedícale aunque sea un día a la semana. ¡Se justo contigo mismo! Descansa un día a la semana y disfruta de la salvación que Dios te ha dado en Cristo Jesús. Disfruta de su justicia. Disfruta de tu nueva posición en Cristo Jesús, recuerda, ahora tiene un nombre que es eterno. Y, sobre todo, gózate en la Casa de tu Dios; en tu Iglesia.

---

173 Gálatas 5:23, (RV1960).

¿Progreso O Hiposmia Espiritual?

Más vosotros venid acá, hijos de hechicera, descendientes de adúltero y ramera. ¿De quién os burláis? ¿Contra quién abrís la boca y sacias la lengua? ¿No sois vosotros hijos de rebeldía, descendientes de la mentira; que ardéis con pasión entre los robles, bajo todo árbol frondoso; que sacrificáis los hijos en las quebradas, debajo de las hendiduras de las peñas? Entre las piedras lisas de la quebrada está tu parte; ellas, ellas son tu suerte; también para ellas has derramado libación, has ofrecido ofrenda de cereal. ¿He de aplacarme con estas cosas?

Sobre un monte alto y encumbrado has puesto tu cama; allí también subiste a ofrecer sacrificio. Y detrás de la puerta y el umbral has puesto tu señal.

En verdad, bien lejos de mí te has descubierto, y has subido y ensanchado tu cama; de ellos has logrado pacto a tu favor, has amado su cama, has contemplado su virilidad.

Has ido al rey con ungüento, y has multiplicado tus perfumes; has enviado tus emisarios a gran distancia, y los has hecho descender al Seol. Te cansaste por lo largo de tu camino, pero no dijiste: "No hay esperanza." Hallaste nuevas fuerzas, por eso no desfalleciste. . . . Yo declararé tu justicia y

tus hechos, pero de nada te aprovecharán. Cuando
clames, que tus ídolos te libren; pero a todos se los
llevará el viento, un soplo los arrebatará. Pero el
que en mí se refugie, heredará la tierra, y poseerá
mi santo monte.

Y se dirá: Construid, construid, preparad el camino,
quitad los obstáculos del camino de mi pueblo.

. . . He visto sus caminos, pero lo sanaré, lo guiaré
y le daré consuelo a él y a los que con él lloran,
poniendo alabanza en los labios. Paz, paz al que
esté lejos y al que está cerca~ dice el Señor ~ y yo
lo sanaré.

                    Isaías 57: 3-10; 12-14; 18-19.

EL DÍA PRIMERO de febrero, de 1999, un ir y venir
de la gente con más intensidad que otros días se notó
en la *Placita Olvera* en el centro de la ciudad de Los
Ángeles, California. Quince días antes, el Papa Juan Pablo II
había visitado la República Mexicana con el propósito de seguir
su política y las bases de la religión Católica. Con ese propósito,
en su visita proclamó a la Virgen de Guadalupe como la *Patrona
de las Américas*. Esa orden papal salió documentada y también
desde la misma boca del Papa desde la Basílica Guadalupana en
la ciudad de México.

Era, pues, la víspera de la celebración del "*Día de la
Candelaria*" y, asombrosamente, la gente, motivada por la visita
papal, compró por montones de su "*niño dios*" de diferentes
materiales: madera, yeso, metal y barro, a un precio muy elevado
en el *Mercado de la Merced* de la ciudad de México. También
pagó, en ese tiempo de crisis monetaria en México, por el vestido
del muñeco y aun pagó por la bendición sacerdotal porque el
"*niño dios*" tenía que ser bendecido por un sacerdote católico

para que pudiera hacer milagros. ¡Qué ironía tan astuta! ¡Ser bendecido por un hombre para poder hacer milagros divinos!

Ahora bien, ese primer día de febrero, de 1999, en la *Placita Olvera* de los Ángeles, California, algunos hombres y mujeres se reunieron para repararle al *"niño dios"* los pies que los tenía cortados. Lo repintaron y le pusieron nueva vestimenta. En otras palabras, rehicieron su dios porque el *"niño dios"* no se pudo reparar, ni pintar ni aun vestirse a sí mismo.

Ese mismo día, un poco más tarde, se dijo en el Noticiero de las 6:00 p.m. (*hora de California*), en el Canal 34 de Televisión en Español, que el santo niño de Atocha había llegado a la *Placita Olvera* y los Estados Unidos de América para quedarse. Efectivamente, allí está, en la *Placita Olvera*. Allí está recibiendo la adoración de la gente con el aplauso y aprobación de los líderes religiosos católicos.

¿Es acaso un progreso espiritual todo lo anteriormente dicho? ¿Es acaso lógico, ya no digamos espiritual, el que YO compre y vista a un muñeco, cualquiera que sea el material con que fue hecho, y luego lo adore como mi Dios poniendo en él toda mi esperanza? ¿Es acaso correcto que un dios reciba la bendición de un mortal; de un hombre que quizá nunca ha hecho un solo milagro, para que el bendecido pueda hacer milagros? ¿Es acaso un progreso espiritual adorar a alguien o a algo que no puede ni vestirse por sí solo? ¡Nooo, eso no es ningún progreso espiritual! A eso yo le llamo HIPOSMIA ESPIRITUAL.[174]

---

[174] *La Hiposmia* es un trastorno del sentido del olfato que resulta en la reducción parcial de la capacidad de percibir olores. (Anaheim, California. Internet. Consultado: Julio 16 de 2011), 1
http://www.bing.com/search?pc=Z105&form=ZGAADF&q=hiposmia.

Y como si eso no fuera ya suficiente enfermedad espiritual el Papa Paulo II ha canonizado a veintisiete nuevos santos mexicanos con lo que ahora se ha dicho que México es *"Un País santificado"*. La periodista Andrea Sosa Cabríos dice que: "El obispo mexicano Oscar Sánchez Barba, postulador general de la causa de los santos, vio concretarse el pasado domingo (*21 de mayo, de 2000*) la canonización de 27 mexicanos como resultado de un proceso que duró casi medio siglo.

Salvo dos de ellos, todos los demás murieron antes, durante y después de la Guerra Cristera (1926-1929), en un contexto de persecución religiosa en el México de principios de siglo.

Pero estas canonizaciones 'no son una revancha' ni pueden ser interpretadas con matices políticos, dijo Sánchez Barba en entrevista con la Agencia Alemana de Prensa (dpa) antes de viajar a Roma." [175]

Compañero, quiero que pensemos en solamente dos de las preguntas que la periodista le hizo al obispo Sánchez Barba:

> "**dpa:** ¿Cuáles son las condiciones para ser declarado mártir?
>
> **Sánchez Barba:** Haber sido asesinado por odio a la fe, que el que mate sepa que lo está haciendo por odio a la fe y el que recibe el suplicio acepte el martirio. El proceso de canonización para cualquier persona tiene que comenzar cinco años después de que muere; tiene que haber una fama, o fama de martirio o fama de santidad. En el caso de los

---

[175]   Andrea Sosa Cabríos. Periódico: EXCELSIOR: Sección: América Latina. Artículo: Un *país santificado*: *Las canonizaciones no son una revancha de la cristiada.* (Condado de Orange (Sur de California). Semana del 25 de mayo al 1 de junio, de 2000), 19.

mártires para su beatificación no necesitan un
milagro, para su canonización.... Cuando no son
mártires necesitan milagro para la beatificación y
otro para la canonización.

dpa: ¿Cuál fue el milagro en este caso?

Sánchez Barba: Cuando se beatifica en grupo,
si el sanado invocó a Dios a través de todo ese grupo,
hay una norma de la iglesia en la que se puede
canonizar a todos juntos.

Aquí el milagro fue una mujer, Carmen Pulido
Cortés, que tuvo quistes en los dos senos y estaba
desahuciada. Fue a Roma para la beatificación y
se dio cuenta de que había que pedir por los 27
mártires, en nombre de ellos, y después de dos meses,
un sacerdote le puso una reliquia de los mártires en
el cuello y quedó inmediatamente sanada de un mal
que no se iba a curar."[176]

Compañero, ¿lo notaste? esos revolucionarios de los años
1926 a 1929, ¡han llegado a ser santos por el hecho de que una
mujer fue sanada por la simple reliquia de uno o de 27 de esos
guerrilleros cristeros! ¡Asombroso, ¿no es cierto?!

Cuando digo guerrilleros es porque el mismo obispo
Sánchez Barba dice que: "Sabemos en la historia que hubo
algunos sacerdotes que tomaron las armas o por lo menos desde

---

[176] Andrea Sosa Cabríos. Periódico: EXCELSIOR: Sección: América
Latina. Artículo: Un país santificado: *Las* canonizaciones no son una
revancha de la cristiada. (Condado de Orange (Sur de California). Semana
del 25 de mayo al 1 de junio, de 2000), 19.

el punto de vista cerebral participaron bélicamente en la Guerra Cristera".[177]

Ahora bien, ¿esa canonización hace realmente a México *"un país santificado"*? ¿Es acaso un progreso espiritual la canonización de guerrilleros por voluntad y discriminación humana? Después de un año- 2017- de cientos de muertos por los carteles mexicanos, el enriquecimiento ilícito de los gobernantes y la baja moralidad de sus habitantes, compañero, no me parece que Mi País, México, sea un país santificado.

Por el otro lado, cuando digo discriminación es porque hubo otros sacerdotes y guerrilleros que sí realmente pelearon por causa del pueblo y para el pueblo y no por los intereses de una Iglesia. Compañero, ¿Alguna vez te has preguntado porque a los sacerdotes Don Miguel Hidalgo y Costilla, y a Don José María Morelos y Pavón, así como a la activista dentro de la iglesia católica, Doña Josefa Ortiz de Domínguez y otros más guerrilleros que participaron en la Guerra de Independencia de México durante los años de 1810 a 1821, no han sido canonizados? Bueno, creo que la razón es porque ellos sí vieron y murieron por los intereses del pueblo mexicano y no pelearon por los deseos de una Iglesia idolátrica y subyugadora como lo es la Iglesia Católica Apostólica y Romana.

No, mi estimado compañero, en ninguna manera, la adoración del *Niño de Atocha* y la canonización de esos 27 guerrilleros cristeros no es un progreso espiritual para México.

---

177 Andrea Sosa Cabríos. Periódico: EXCELSIOR: Sección: América Latina. Artículo: Un *país santificado*: *Las canonizaciones no son una revancha de la cristiada.* (Condado de Orange (Sur de California). Semana del 25 de mayo al 1 de junio, de 2000), 19.

¡NO, claro que no! ¡ESO NO ES UN PROGRESO! Todo lo contrario ¡ES ENFERMEDAD HIPOSMICA!

El tiempo transcurrió, y cuando llegamos a julio del año 2002, nuevamente encontramos al Papa Juan Pablo II en México, ahora para la canonización de Juan Diego; en otras palabras, sigue la enfermedad hiposmática enfermando a México. ¿Cómo siguió ese progreso de enfermedad? Fue en un progreso no muy lento, pues, se tomó la leyenda[178] del indio Juan Diego en cuanto al supuesto deseo de la Virgen de Guadalupe de tener un edificio para ella sola; a lo mejor no quería ser diferente que las diosas Diana y Artemisa quienes tenían sus centros de adoración y prostitución entre los griegos y romanos. Así que, se tomó la persona del indio Juan Diego, se hizo un dibujo al estilo español y no meramente como lo eran y son los verdaderos indígenas aztecas. Y, en presencia de miles de ojos presentes y a nivel mundial por la televisión, el Papa Juan Pablo II, teniendo frente a él el dibujo puesto sobre un enorme cuadro cargado por supuestamente cuatro indígenas mexicanos[179] el Papa declaró a Juan Diego "Santo de los indígenas".

Ahora bien, ¿qué es lo sensato y lo insensato en esta acción? Lo insensato fue seguir fomentando un mal espiritual, moral, económico y social. En tanto que lo sensato fue que se cumplió lo que la Palabra de Dios dice. ¿Y qué es lo que dice la Biblia

---

[178] Vox: Diccionario de la Lengua Española: ¡Aclamados los mejores Diccionarios del mundo hispanoparlante! *Leyenda: Narración de sucesos fabulosos, a veces con una base histórica, que se trasmite por tradición oral o escrita.* (Estados Unidos de América. Mc Graw Hill. 2008), Leyenda.

[179] Aunque, según las fotografías de los periódicos- plural, porque fueron varios-, de indígenas no tenían ninguna característica, excepto las vestimentas.

en cuanto a esta acción papal, cardenicia y demás intelectuales católicos? Dice, lo siguiente:

"Ninguno de los que hacen ídolos vale nada, y para nada valen los ídolos que ellos tanto estiman. Los que les dan culto son ciegos y estúpidos, y por eso quedarán en ridículo.

El que funde una estatua para adorarla como si ella fuera un dios, pierde su tiempo. Todos los que la adoren quedarán en ridículo. Los que fabrican ídolos son simples hombres. Si todos juntos se presentaran a juicio, quedarían humillados y llenos de terror.

Veamos que hace el herrero: toma su cincel y, después de calentar el metal entre las brasas, le da forma a golpes de martillo. Lo trabaja con su fuerte brazo. Pero si el herrero no come, se le acaba la fuerza, y si no bebe agua, se cansa.

O veamos al escultor: toma las medidas con su regla, traza el dibujo con lápiz y compás y luego lo trabaja con escoplo; así hace una estatua dándole la figura de una persona e imitando la belleza humana, y luego la instala en un templo.

O, también, alguien planta cedros y la lluvia los hace crecer; después tendrá cedros para cortar. O si prefiere ciprés o robles, los cuida en el bosque hasta que están bien gruesos. Luego la gente los usa para hacer fuego; se lleva unos pedazos para calentarse con ellos; se lleva otros para cocer pan; y otros pedazos los usa para hacer la estatua de un dios, y se inclinan ante ella para adorarla.

O también: la mitad de la madera la pone uno arder en el fuego, asa carne, se come el asado y queda satisfecho. También se calienta con ella, y dice: "¡Qué bien se está junto al fuego; ya estoy entrando en calor!"

Y de la madera sobrante hace la estatua de un dios, se

inclina ante ella para adorarla, y suplicante le dice:
"¡Sálvame, porque tú eres mi dios"!
                    Isaías 44:9-17 (Versión Popular).

Y, ¿qué fue lo que sucedió allá en la Basílica de Guadalupe en México el 31 de julio de 2002? Ya hemos dicho que, se le presentó al Papa la obra de arte de alguno o tal vez de algunos artesanos o artistas mexicanos *(¡Ojalá que hayan sido mexicanos! Algo bueno hay que sacar de todo este enrollo)* y allí, desde su silla episcopal y ante: "Una delegación de unos 300 indígenas *(que)* escuchaban atentamente al Papa dentro del templo, donde minutos antes había ingresado la imagen oficial del nuevo santo y colocada junto a su eterna compañera; la Virgen de Guadalupe, decir: "'Proclamo santo a Juan Diego con el corazón lleno de gozo y júbilo', dijo el Papa. 'Al ensalzar hoy la figura de Juan Diego deseo expresarles la cercanía de la iglesia y del Papa hacia todos ustedes, abrazándolos con amor y ayudándolos a superar con esperanza la difícil situación que atraviesa(n)', dijo dirigiéndose a los indígenas." [180]

Inmediatamente después de pronunciar tales palabras de declaración de una imagen, hecha por las manos de los hombres, de santo o dios de los indígenas mexicanos, el Papa se humilló ante ella, la adoró y suplicó diciendo, lo siguiente: "'Bendito Juan Diego, indio bueno y cristiano, a quien el pueblo sencillo ha tenido siempre por varón santo, te pido que acompañes a la Iglesia que peregrina en México para que cada día sea más evangelizadora y misionera. Alienta a los obispos, sostén a los sacerdotes, suscita nuevas y santas vocaciones, ayuda a todos

---

[180]   Associated Press. Periódico: Excélsior: del Condado de Orange: Sección: México. Artículo: *Ya es San Juan Diego.* (Condado de Orange (Sur de California). Semana del 2 al 8 de Agosto de 2002. Año X. Número 525), 32.

los que entregan su vida a la causa de Cristo y a la extensión de su reino". . . Finalmente suplicó al `amado Juan Diego, `*El Águila que Habla*' (en nahual)', que muestre a la humanidad `el camino que lleva a la Virgen Morena del Tepeyac para que ella nos reciba en lo íntimo de su corazón, pues ella es la madre amorosa y compasiva que nos guía hacía el verdadero Dios'."[181]

Eso, mi estimado compañero de viaje, ¡eso es precisamente Hiposmia espiritual! Hiposmia que de inmediato contaminó tanto a los presentes de todas clases sociales de intelectuales como a la gente común aunque no menos sabios que los primeros. Tal fue el caso, por ejemplo, del "monseñor Norberto Rivera Carrera, arzobispo de la Arquidiócesis de México", el cual agradeció a Juan Pablo II la canonización de Juan Diego, diciendo: "Gracias, Padre Santo, por el regalo que nos trae la canonización de Juan Diego", repitió, al dar por hecho que, `todos los habitantes de estas tierras, pero especialmente los laicos y los indígenas, tenemos ya un protector en los cielos y un ejemplo de vida cristiana'."[182]

Esa adoración y proclamación, mi estimado compañero, esa no es ninguna muestra de una salud o progreso espiritual, sino que eso es ¡Hiposmia! Y la *"Hiposmia Espiritual"* es tan contagiosa (*no así la física*) que, "ya convertido en santo, la imagen de Juan Diego aparenta escuchar con atención al grupo de peregrinos que llegaron desde los Ángeles, California, para

---

[181] Periódico: La Opinión. Artículo: *El Papa en México*. (Los Ángeles, California. Jueves 1 de agosto de 2002. Año 76. Número 320), 10A

[182] Francisco Robles Nava. Periódico: La Opinión. Artículo: *Juan Diego Canonizado*. (Los Ángeles, California. Jueves 1 de agosto de 2002. Año 76. Número 320), 10A.

pedirle solución a múltiples problemas tanto propios como ajenos".[183]

Compañero, el resto ya lo sabemos. San Juan Diego es adorado. La gente se postra ante su imagen para pedirle un milagro. Devotos como la señora Ana Tamez que postrada ante la imagen de Juan Diego, dijo: "Que mi hijo Tony ya no beba tanto, por favor, te suplico que me lo saques del vicio"- o como Susana Rodríguez que- "no mostraba el mínimo rubor para solicitar en voz audible al recién canonizado que le concediera `la iluminación necesaria para tomar la decisión correcta, pues tú sabes que mi familia no quiere a mi novio, pero yo lo amo y no hallo que hacer' –lo que digo es que:- "Apenas habían pasado unas horas desde que el papa Juan Pablo II lo declarara formalmente santo, y ya cientos de peregrinos nacionales y extranjeros se arremolinaban frente a la efigie de bronce de Juan Diego, instalada en el atrio de la Basílica de Guadalupe, para suplicar alivio a enfermedades, problemas, incertidumbres y demás vicisitudes que afectaban sus vidas."[184]

Y, para colmo de los males, el contagio de la Hiposmia Espiritual se hizo más clara a nivel mundial cuando el mismo

---

[183]   Periódico: La Opinión. Artículo: *El Papa en México*. (Los Ángeles, California. Jueves 1 de agosto de 2002. Año 76. Número 320), 10A

[184]   Francisco Robles. Periódico: La Opinión. Artículo: *México Aclama al Papa*: Subtítulo: *Honor de migrantes a San Juan Diego*. (Los Ángeles, California. Jueves 1 de agosto de 2002. Año 76. Número 320), 8A.

Papa permitió que le practicaran en público un acto de brujería. ¡Le hicieron una limpia![185]

Por eso y mucho más, compañero, la *"Hiposmia Espiritual"* no es ningún progreso en todos los sentidos sociales, morales o éticos, económicos, políticos y por supuesto, en los espirituales. La *"Hiposmia Espiritual"*, entonces, pues, es un mal que está afectando, en este caso, a la República mexicana, pues, ¡La Hiposmia no es ningún progreso Espiritual!

Seguramente que a estas alturas usted se estará preguntando: ¿qué, pues, es la Hiposmia? Una que ya se ha dado una definición en pie de página, ahora te lo explico con una experiencia en la vida del doctor Miguel Chulde. Miguel fue un guerrillero en su país natal en América del Sur, pero ahora es Pastor de una Iglesia Bautista en la ciudad de Pico Rivera, en Los Ángeles, California. Miguel llegó a los Estados Unidos como muchos otros lo han hecho. Aquella noche de su entrada al país de las oportunidades, los agentes de Migración lo venían siguiendo muy de cerca. En los linderos de Costa Mesa, California, entró a un chiquero para esconderse de sus perseguidores. Acostado entre los cerdos pasó la noche sin ninguna novedad. Muy temprano se levantó. No se bañó ni se cambió de ropa. Prosiguió su camino hasta Los Ángeles sin que nadie lo detuviera.

¿Cómo pudo Miguel dormir entre los cerdos? ¿Cómo pudo seguir su camino con toda naturalidad? ¿Cómo pudo soportar el penetrante olor de los cerdos y sus desechos? Hay una sola

---

[185]   Periódico: La Opinión. Artículo: *El Papa en México*. (Los Ángeles, California. Jueves 1 de agosto de 2002. Año 76. Número 320), 10A. Como misionero entre los indígenas mejicanos fui testigo de esta clase de práctica entre los – y las- brujos indígenas, especialmente en el estado de Oaxaca, México.

explicación; Miguel Chulde, está enfermo con la enfermedad llamada *Hiposmia*, es decir, disminución de la capacidad olfativa.

Miguel Chulde, no es el único que padece esta enfermedad, "Millones de personas padecen de Hiposmia. . . Ahora los especialistas han comenzado a utilizar tecnología de punta para medir el grado de pérdida y demostrar la diferencia entre un paciente hipósmico y una persona con olfato normal. Uno de los investigadores, el doctor Robert I. Henkin, de Washington, D.C., quien utiliza imágenes por resonancia magnética funcional (IRMf), ha observado que los estudios de personas con olfato normal revelan una actividad cerebral mayor. . . que los pacientes con Hiposmia. . . . Cuando ambos tipos de pacientes se encuentran expuestos a diferentes olores."[186]

Pero, compañero, ¡hay una buena nueva! Sí, hay una buena nueva para los enfermos de *"Hiposmia Espiritual"*, ¡hay una solución! ¡Hay una medicina! Por años; desde Edén hasta nuestros días hemos sufrido la lesión espiritual que recibimos como herencia de nuestros primeros padres; Adán y Eva.

Cuando entramos al mundo de Isaías nos encontramos con que la enfermedad espiritual de la idolatría estaba causando estragos en el país de Palestina; entre los israelitas. Estragos, al grado de que *"el justo padece y no hay quien se preocupe".*[187] La idolatría los había hecho rebeldes, amadores de sí mismos, mentirosos, hechiceros, adoradores de ídolos abominables como Moloc y Astarte, los cuales, en sus ritos de adoración los

---

[186] Revista: GEOGRAFICA. Artículo: *Nuevo Método para medir el sentido del olfato*. (México, D. F. NATIONAL GEOGRAPHIC (en español). Febrero de 1999. Vol. 4. No. 2). 7.

[187] Isaías 57:1.

incitaban a la criminalidad, al asesinato de sus propios hijos recién nacidos y la promiscuidad sexual.

El Dios de Isaías y el mismo profeta se preocuparon por las terribles consecuencias y estado de su gente; de los israelitas. Pero, al volver a nuestro tiempo y a nuestro país, nos damos cuenta que el progreso de esta maligna enfermedad sigue sin que nadie la cure, todo lo contrario, se le dan más comodidades para su progreso fatal. Hoy día, ni aun el mismo Papa Juan Pablo II puede oler los terribles olores de la idolatría. ¡Estamos enfermos de *"Hiposmia Espiritual"*!

Esa es la razón por la que hoy en día, esa lesión sigue estando en todo nuestro ser; allí, en el alma de cada individuo. Esa alma sufre con las *"alergias espirituales"* de la idolatría; llamase a estas budista, hinduista, musulmana, guadalupana, mariolatría, brujería o santería; entre ellos el niño de Atocha y San Juan Diego.

Dichas *"alergias"* no han provocado ningún progreso espiritual. Todo lo contrario, es una enfermedad que ha llevado y sigue haciéndolo, a la muerte no sólo física sino espiritual; es decir, a la condenación eterna. Así lo declara Aquel quien está en contra de la *"Hiposmia Espiritual"*; contra la idolatría, diciendo: "Yo declararé tu justicia y tus hechos, pero de nada te aprovecharán. Cuando clames, que tus ídolos te liberen; pero a todos se los llevará el viento, un soplo los arrebatará".[188]

Y los enfermos de *Hiposmia Espiritual*, ¿a dónde irán a parar? Seguramente que no pararán en el cielo, en el trono del Dios del profeta Isaías del cual nos habla la Biblia, pues allí

---

[188]   Isaías 57:12-13.

solamente entrarán los que han sido lavados y sanados de toda *Hiposmia Espiritual* por la sangre de Jesucristo.

Por lo tanto, compañero, no podemos ni debemos seguir durmiendo entre la idolatría. Despertémonos y démonos un "baño" con la Gracia de Jesucristo y vistamos de su justicia para quitarnos los malos olores que esta terrible enfermedad no nos hace percibir.

Compañero de este viaje espiritual, la medicina, la UNICA medicina para el progreso espiritual, la medicina para terminar con esa terrible enfermedad que se está expandiendo como un cáncer ahora aquí en los Estados Unidos de América, ES JESUCRISTO. Sí, Él es la UNICA medicina contra la *Hiposmia Espiritual*, porque él mismo ha prometido diciendo: "He visto sus caminos, pero lo sanaré;. . . paz para el que está lejos y al que está cerca - dice el Señor - y yo lo sanaré".[189]

---

[189] Isaías 57:18-19.

Detrás Del Telón

Clama a voz en cuello, no te detengas; alza tu voz como de trompeta, declara a mi pueblo su transgresión y a la casa de Jacob sus pecados. Con todo me buscan día tras día y se deleitan en conocer mis caminos, como nación que hubiera hecho justicia, y no hubiera abandonado la ley de su Dios. Me piden juicios justos, se deleitan en la cercanía de Dios.

Dicen: "¿Por qué hemos ayunado, y tú no lo ves? ¿Por qué nos hemos humillado, y tú no haces caso? He aquí, en el día de vuestro ayuno buscáis vuestra conveniencia y oprimís a todos vuestros trabajadores. He aquí, ayunáis para contiendas y riñas, y para herir con un puño malvado....

Entonces invocarás, y el Señor responderá; clamarás, El dirá: "Heme aquí." Si quitas de en medio de ti el yugo, el amenazar con el dedo y el hablar iniquidad, y si te ofreces al hambriento, y sacias el deseo del afligido, entonces surgirá tu luz en las tinieblas, y tu oscuridad será como el mediodía. Y el Señor te guiará continuamente, saciará tu deseo en los lugares áridos y dará vigor a tus huesos; serás como huerto regado y como manantial cuyas aguas nunca faltan. Y los tuyos reedificarán las ruinas antiguas;

levantarás los cimientos de generaciones pasadas,
y te llamarán reparador de brechas, restaurador de
calles donde habitar.

Isaías 58:1-4, 9-12

EL GRUPO DE hombres, mujeres y niños que formaban
la Iglesia Evangélica de mi pueblo; Lombardía,
Michoacán, México, eran hermanos en los que se podía
ver el amor de Jesucristo reflejado en sus rostros. Aunque el
edificio donde se reunían era de paredes de adobe y lámina de
zinc como techo, situado sobre piedras negras volcánicas en el
oeste del pueblo, - parecía un edificio abandonado-, cuando
los hermanos se reunían para celebrar sus cultos de alabanza y
adoración, el lugar se iluminaba con la presencia de la gloria de
Jesucristo.

Pero llegó el día en que alguien comenzó a proclamar una
serie de ayunos. Se ayunó en Semana Santa. Se ayunó para
que Dios bendijera la iglesia cada semana. Se ayunó para ser
bautizado con el poder del Espíritu Santo. Se ayunó antes y
después de ser bautizado en agua. Se ayunó antes de contraer
matrimonio. Se ayunó para sanar ciertas enfermedades.

En fin, después de cierto tiempo, la iglesia estaba ayunando
dos a tres y hasta cuatro veces por semana. ¡Magnifico! ¿Verdad
que sí? ¡Qué hermoso que la iglesia se preocupara por su madurez
espiritual!

Pero, detrás del telón, se descubrió que en lugar de ser
bendecidos, en lugar de ser bautizados con el poder del Espíritu
Santo y en lugar de recibir sus ansiadas sanidades divinas,
comenzaron a surgir serios problemas. Además de las múltiples
enfermedades y desordenes sociales y morales, por ejemplo, uno

de los que más ayunaban se adueñó ilegalmente de la propiedad donde estaba edificado el templo y, al fin la iglesia se dividió.

El grupo que permaneció en el local, con el tiempo, es decir, en menos de un año, desapareció. En tanto que el que se separó, ahora en su nuevo local, al suroeste de Lombardía, todavía no entendió el significado del verdadero ayuno; no aprendió la lección. Así que continuo con las mismas viejas prácticas de los ayunos.

¿Qué había, detrás el telón, en la práctica de esos ayunos? Muchos rostros pálidos. Gente durmiéndose en los cultos. Manos y pies caídos y continuas enfermedades. Además, a todo lo anterior se sumaban los celos, chismes, quejas y deseos deshonestos.

Por ejemplo, aquella noche en que me invitaron a predicar[190] habían tenido todo un día de convivencia "espiritual". Habían comenzado su reunión ayunando. Su ayuno se terminaría después de mi predicación; es decir, a las 10:00 p.m. ¡Muy tarde! ¿No lo crees así, compañero de lectura y de este viaje espiritual? Pero, así eran los cultos en mi pueblo; eran cultos de horas no de minutos como en Estados Unidos de América. Durante el programa de esa noche hubo un tiempo de testimonios y confesiones. Me asombré al oír a cada uno de los adultos en sus confesiones, tales como: "Hermano, 'X', te pido perdón por ofenderte pero quiero que sepas que no soporto tu actitud arrogante". Una hermana dijo: "Hermana 'B', te confieso que muchas veces he pensado que tú no eres una cristiana sino una mujer de la calle". En un rincón alguien se paró y dijo:

---

[190]   Vea el Capítulo titulado: *Iglesias*, en mi libro: *Donde el Tiempo se Detuvo*.

"Hermano 'C', te pido perdón porque he estado deseando carnalmente a tu esposa".

Momentos después de que cada uno terminó su testimonio o confesión o lo que haya sido y de pedir perdón, algunos se abrazaron, algunas mujeres lloraron y los jóvenes no se quedaron atrás, también ellos confesaron, pidieron perdón y lloraron de arrepentimiento o, quizás de remordimiento.

A simple vista, me pareció que todo fue un momento pasajero, o de sincero arrepentimiento, pero, detrás el telón había lo que Perry Stone dice en su libro titulado: *La Cabra de Judas*, cuando dice que: "Es poco sabio que una persona que está lidiando con debilidades, tentaciones y otros asuntos, se muestre arrogante y orgullosa de sí misma, y que de paso condene a otros por las mismas cosas que permite en su vida".[191] ¿Por qué cito estas palabras de Stone? Lo hago por los tristes resultados de aquellos interminables y constantes ayunos en mi amada iglesia.

Prediqué, pues – a eso me habían invitado-, y de acuerdo a lo planeado, a las 10:00 p.m. se entregó el ayuno al Señor Jesucristo con ricos tamales, champurrado y café. A la media noche nos despedimos muy emocionados y con la certidumbre -por lo menos en mi sentir- de que todo el día había sido una verdadera convivencia espiritual.

Al siguiente día, la llamada convivencia espiritual cambió repentinamente. Algunos hermanos que fueron lastimados durante los testimonios y confesiones, temerosos de perder a sus hijas o esposas no regresaron a la iglesia. "El plato que derramó

---

[191] Perry Stone. La Cabra de Judas: Como lidiar con las falsas amistades, la traición y la tentación de no perdonar. Trd. Ernesto J. Giménez. (Lake Mary, Florida. Casa Creación. www.casacreacion.com 2013), 125.

la sopa" fue que la esposa del pastor, durante la madrugada del día lunes se fugó con el director de música.

Ya el profeta Isaías lo había anticipado citando el ejemplo de la nación de Israel en su tiempo y allá en Palestina, que el ayuno mal practicado trae como consecuencia *"contiendas y riñas y para herir con un puño malvado"*.[192] Ese tipo de ayuno que los israelitas estaban practicando no era para adorar a Dios ni para buscar su dirección sino que era para buscar la conveniencia de cada uno de los practicantes.[193]

Por tal motivo, los israelitas del tiempo de Isaías sufrieron las consecuencias de la mal práctica de sus ayunos al igual que los miembros de la pequeña iglesia evangélica de mi pueblo. Dios se desagradó y los castigó severamente. Entre ellos hubo pleitos y subyugación. Desánimo y egoísmos, divisiones, abandono de la iglesia y vergüenzas.

Ahora, dejemos el viejo mundo, el mundo de Isaías y volvamos nuevamente al nuestro y preguntemos: ¿Cuál es pues la verdadera práctica del ayuno? El profeta Isaías lo describe en los versículos 6 y 7 de este Capítulo 58 de su libro con dos preguntas: "¿No es este el ayuno que yo escogí: desatar las ligaduras de impiedad, soltar las coyundas del yugo, dejar ir libres a los oprimidos y romper todo yugo? ¿No es para que partas tu pan con el hambriento, y recibas en tu casa a los pobres sin hogar; para que cuando veas al desnudo lo cubras, y no te escondas de tu semejante?"

---

192 Isaías 58:4.
193 Isaías 58:3.

Entonces pues, a la luz del pasaje de Isaías 58:1-12, pensemos de una manera positiva y preguntemos:

¿CUÁLES SON LOS RESULTADOS DE LA PRÁCTICA DEL VERDADERO AYUNO?

Una definición de ayuno es: "El ayuno es una práctica de abstinencia de alimentos mientras el cristiano ora y medita en la palabra de Dios. El propósito del ayuno es negar los placeres físicos en busca de un crecimiento espiritual y de una comunión profunda con Dios".[194] En base a esta definición, compañero, pensemos de una manera muy somera en cuatro aspectos de lo que es el verdadero ayuno; el ayuno propuesto por Dios.

I.- RECUPERACIÓN ESPIRITUAL.

Las palabras del profeta Isaías cuando dijo: "Si así procedes, tu luz despuntara como la aurora, y al instante llegará tu sanidad; tu justicia te abrir el camino, y la gloria del Señor te seguirá",[195] son palabras que apuntan hacia una recuperación espiritual; hacia una verdadera adoración hacia Dios por medio del ayuno correcto. El contexto de este versículo enseña que el ayuno que Dios quiere que practique su pueblo es el de ayudar a los demás; tratarlos bien, especialmente a los pobres y a los oprimidos. El gran defensor de los oprimidos en el Antiguo Testamento, dijo en cierta ocasión: "Aborrecí, abominé vuestras solemnidades, y no me complaceré en vuestras asambleas. Y si me ofreciereis vuestros holocaustos y vuestras ofrendas -¿incluirá el ayuno? Creo que sí-, no los recibiré, ni miraré a las ofrendas de paz de

---

[194]   Ana Fermín ¿Qué es el ayuno?: Explicación del significado del ayuno para el cristiano. (La Habra, California. Internet. Consultado el 25 de diciembre de 2017), 1

[195]   Isaías 58:8, (NVI).

vuestros animales engordados. Quita de mí la multitud de tus cantares, pues no escucharé las salmodias de tus instrumentos. Pero corra el juicio como las aguas, y la justicia como impetuoso arroyo".[196] Notemos que lo que Dios está demandando es que tengamos una vida recta; una vida que adore por medio de la obediencia al Señor: Es decir, dejar que: "corra el juicio como las aguas, y la justicia como impetuoso arroyo" en la vida cristiana, en este caso, en la práctica del ayuno, para que logremos una recuperación espiritual.

Recordemos que si procedemos como Dios lo indica, entonces, nuestro estado espiritual tendrá una nueva faceta, algo similar a la ilustración que presenta el profeta Isaías cuando hace referencia a la aurora. La Versión Reina Valera dice "alba" en lugar de "aurora". El alba es aquel periodo de tiempo en que la luz del sol comienza a desvanecer las tinieblas de la noche antes de que sea de día. La aurora son luces de diferentes colores que aparecen en la oscuridad pero que también el término "aurora" hace referencia al amanecer. En ambos casos, se trata de disipar las tinieblas. El profeta usa esta ilustración para indicar que cuando hacemos las prácticas religiosas correctas, en este caso, el ayuno, entonces tenemos sanidad espiritual: ¡Una recuperación espiritual! Es entonces cuando "la gloria del Señor" estará con nosotros. Isaías, dice que nos "seguirá". Y si nos sigue en cada paso de nuestra vida, entonces, compañero, hay la seguridad de una recuperación espiritual y con ella una verdadera y sincera adoración al Señor que demanda devoción.

Frank Viola, en su imaginación narra la historia de María, Marta y Lázaro, los tres grandes amigos de Jesús en Betania, de una manera vivencial estupenda. Por ejemplo, cuando María

---

[196] Amos 5:21-24, (RV, 1960

derramó el perfume sobre la cabeza de Jesús, en aquella reunión familiar en Betania, Lázaro, dijo: "No tengo las palabras adecuadas para describir la dulzura del acto de María ese día. Conocía bien a mi hermana, y a ella le motivaba el ardiente amor que sentía por el Maestro. Era una manifestación visible de adoración desinteresada y devoción sincera, un tributo supremo de su afecto puro hacia Él".[197] ¡Ah, si nuestros ayunos fueran así! ¡Sí, si fueran *un tributo supremo de su afecto puro hacia Él*", entonces tendríamos una recuperación espiritual! De esto, compañero, no tengo la menor duda. Esta seguridad me hace pensar en un segundo aspecto en cuanto a lo que es el verdadero ayuno.

II.- RECUPERACIÓN DE LA PROTECCIÓN DIVINA.

Los sinónimos del término "*recuperación*", son: "reparación, restauración, rescate, redención, compensación, resarcimiento".[198] Todos ellos son términos positivos. Lo negativo sería "pérdida". Lo que pasó en la iglesia cristiana de mi pueblo no fue lo positivo del ayuno sino la pérdida. Lo que notamos en este texto de Isaías 58 en cuanto a la práctica del ayuno de los israelitas es pérdida; pero es una pérdida con la posibilidad de una recuperación. Dicha acción es demandada por Dios. El texto que he usado anteriormente; el de Isaías 58:8, dice al final del texto: "Delante de ti irá tu justicia; y la gloria del Señor será tu retaguardia".[199]

---

[197] Frank Viola. *El lugar favorito de Dios en la tierra*. Trd. Carlos Mauricio Páez García. (Bogotá, Colombia. Editorial Desafío. www.editorialdesafio.com 2015), 102.

[198] Wikipedia. La Enciclopedia libre: *Recuperación. Definiciones: antónimos y parónimos*. (La habrá, California. Consultado el 26 de diciembre de 2017), 1. http://www.wordreference.com/sinonimos/recuperaci%C3%B3n

[199] Isaías 58:8, (VP).

La enseñanza es que, por la gracia y la misericordia de Dios, todo aquel que está enfermo espiritualmente, en el Señor puede tener la recuperación espiritual porque la promesa es que, si sus prácticas eclesiásticas son hechas dentro la voluntad de Dios, esto incluye el ayuno, entonces, el Señor se comprometa a dar la protección divina; oh, como dice el texto: "... y la gloria del Señor será tu retaguardia".

Me gusta esta expresión: "Retaguardia". ¿Qué porque me gusta? Compañero, me gusta porque, primero, me hace pensar en la salida del pueblo de Israel de Egipto. Recuerdas que los israelitas salieron en dirección del Mar Rojo. En su peregrinar por el desierto el Ángel de Dios iba delante de ellos; los iba guiando. Cuando llegaron a la playa del mar, se dieron cuenta que el ejército de los egipcios estaban tras ellos. Sus ánimos se vinieron a tierra; su fe desmayó, y hasta su espiritualidad se evaporó. El temor los invadió.

Sin embargo, la historia bíblica dice que: "Entonces el ángel de Dios, que marchaba al frente del ejército israelita, se dio vuelta y fue a situarse detrás de este. Lo mismo sucedió con la columna de nube, que dejó su puesto de vanguardia y se desplazó hacia la retaguardia, quedando entre los egipcios y los israelitas. Durante toda la noche, la nube fue oscuridad para unos y luz para otros, así que en toda esa noche no pudieron acercarse los unos a los otros".[200] Esto es lo que significa retaguardia. Alguien que nos cuida la espalda; alguien que nos libra del enemigo que aprovecha nuestra huida. Isaías es un poco más específico en cuanto la tarea de Dios como nuestra retaguardia, al decir que: "... no saldréis precipitadamente, ni iréis como fugitivos;

---

[200] Éxodo 14:19-20, (NVI).

porque delante de vosotros irá el Señor, y vuestra retaguardia será el Dios de Israel".[201]

Esta es una promesa. Y, recuerda, compañero que, "las promesas de Dios son en él Sí, y en él Amén".[202] Esto es que, si la práctica del ayuno es de acuerdo a su agrado, entonces, la promesa es que habrá una recuperación espiritual de la misma manera como los israelitas la tuvieron después haber cruzado el Mar Rojo. La presencia de Dios como retaguardia restauró la fe de los israelitas; la presencia de Dios en la práctica del ayuno restaurará la fe en Dios. ¡Habrá una recuperación de la protección divina! De esto, compañero, no tengo la menor duda. Es por esto que, te invito a que pensemos en el tercer aspecto en cuanto al verdadero ayuno: el ayuno que agrada a Dios.

III.- RECUPERACIÓN DE LA COMUNIÓN CON DIOS.

Compañero, tú y yo sabemos lo que alguien ha dicho, que: "EU no es un país de santos".[203] Vivimos en una situación no muy cómoda en el sentido espiritual; Estados Unidos está repleto de iglesia de una infinidad de denominaciones pero aun sí, crímenes, robos, violaciones, estafas, engaños, familias disfuncionales, familias separadas, prostitución, drogas, homosexualismo, lesbianismo y, ahora, hasta con la legalización de la marihuana. Somos tan "intelectuales" en política, sociología, ciencias, psicología, finanzas y teología pero le fallamos en todo. ¿Será verdad lo que dice el Evangelio Gnóstico de Tomas, cuando dice que: "Jesús dijo: 'Quien tenga

---

[201] Isaías 52:12, (BA).

[202] 2 Corintios 1:20, (RV).

[203] Prof. Orlando Chirin. Entrevista televisiva. Youtube.com. 2012).

el conocimiento de todo, pero no se conozca a sí mismo, falla en todo'?"[204] Compañero, me pregunto: Los cristianos, ¿sabemos realmente lo que somos? ¿Nos conocemos como tales? ¿Si en verdad nos conocemos porque no tenemos un verdadero sentido de comunión con Dios? La práctica del ayuno en el pueblo de Israel deja ver que el pueblo no tenía una verdadera comunión con su Señor. ¿Y que nos enseña la práctica del ayuno en la iglesia cristiana? ¡Lo mismo! Es más, somos pocos los que ayunamos.

El aforismo griego *"Conócete a ti mismo"* que es atribuido a Sócrates, todavía no rompe el lindero de nuestra psicología y de nuestra cristiandad; no existe la comunión con Dios como el mismo Señor la desea. Estamos envueltos en el paganismo del mundo sin darnos cuenta – y si acaso nos damos cuenta, no nos inquietamos- de que este mundo está gobernado por Satanás. "El Nuevo Testamento describe la forma explícita a Satanás como 'el dios de este mundo' y 'el que gobierna las tinieblas'."[205] Con este tipo de gobierno y con los cristianos que aún no se conocen así mismo como nuevas criaturas en Dios y con el Don del Espíritu Santo que puede hacer una gran diferencia en este mundo: "¡Por supuesto que suceden cosas malas! En un planeta gobernado por el maligno, lo que podemos esperar es violencia, engaño, enfermedad y toda suerte de oposición al reinado de Dios".[206]

[204] Jesús García-Consuegra González. *El Evangelio Gnóstico de Tomás.* (Madrid, España. Editorial Creación. 2013), 48. www.editorialcreacion.com

[205] Phlips Yancey. *La Oración: ¿Hace alguna diferencia?* Trad. Dr. Miguel Mesías. (Miami, Florida. Editorial Vida. 2014), 132.

[206] Phlips Yancey. *La Oración: ¿Hace alguna diferencia?* Trad. Dr. Miguel Mesías. (Miami, Florida. Editorial Vida. 2014), 132.

Compañero, buscamos y queremos, los cristianos, la comunión con Dios; queremos estar en un grato compañerismos con el Señor que nos ha redimido de nuestros pecados, pero nuestras prácticas incorrectas, como el ayuno, que ni siquiera lo practicamos. La oración que más que una súplica es una orden de lo que Dios debe de hacer en favor nuestro. Los cantos, los repetimos tanto que llegan a casar y la adoración se va por la borda. La predicación, nos damos el paquete de grandes predicadores y con ello le robamos a Dios la bendición para el pueblo y aun para el mismo predicador. Buscamos la comunión con Dios en todas esas actividades: "Sin embargo, en el lugar santo es donde tiene lugar la verdadera comunión con el Padre. La palabra 'comunión' es koinonía, que significa 'participación mutua en una actividad', o 'aquellos que forman parte de una sociedad'. . . . Es aquí – en el lugar santo- cuando los siervos del Señor se reúnen. . . en comunión con el Padre".[207] Y es aquí, en donde estas palabras: "Entonces invocarás, y el Señor responderá; clamaras, y El dirá: Heme aquí",[208] envuelven en una comunión con el ser divino inexplicable. El ayuno practicado correctamente es un gran medio para lograr esta comunión divina.

IV.- RECUPERACIÓN DE TUS DESEOS MÁS ANHELADOS.

Con la presentación de una fotografía área que muestra las cenizas de lo que fuera las residencias y los árboles que fueron consumidos por el fuego durante el mes de octubre de 2017

---

[207] Perry Stone. *La Cabra de Judas: Como lidiar con las falsas amistades, la traición y la tentación de no perdonar.* Trd. Ernesto J. Giménez. (Lake Mary, Florida. Casa Creación. www.casacreacion.com 2013), 54-55.

[208] Isaías 58:9, (VP).

en el norte de California, el periódico *Los Ángeles Times*, en su primera página escribió: "Como las llamas corrieron, algunos se quedaron en la oscuridad: no todos los residentes tenían en su celular la alerta sobre el fuego en Napa y Sonoma, pero existe la tecnología" (*"As Flames raced, some were left in the dark: Not al redidents got cellphone alert about the fire in Napa and Sonoma – but the tecnology exists"*).[209]

También el Periódico: *The San Diego Union-Tribune*, en su portada del jueves 12 de octubre de 2017, con letras grandes y negradas, dijo: "Incendios estallan otra vez en el norte de california". (*"Wildfires flare up again in northern california"*).[210] Este anuncio estaba escrito bajo una fotografía a color en la que se ve a un ciudadano norteamericano parado sobre las cenizas de lo que fue su hogar en Santa Rosa, California. Solamente quedaron de pie la torre de la chimenea, un mueble que parecía ser un depósito de agua y una escalera de madera de cuatro escalones. La *U-T News Services* escribió estas palabras al pie de la gran fotografía: "Phil Rush, dueño de la casa, analiza los restos de su casa destruida por el incendio en Santa Rosa. Rush dijo el miércoles que él y su esposa y su perro se escaparon con sólo sus medicamentos y una bolsa de comida para perros cuando las llamas alcanzaron su vecindario entero el lunes" – 9 de octubre de 2017- (*"Homeowner Phil Rush looks at the remains of his home*

---

[209] Phil Willow, Christ Megerian, Paige St. John and Rong-Gong Lin II. As Flames raced, some were left in the dark. 194 (Los Angeles California. Periódico: Los Angeles Times. Jueves 12 de octubre de 2017), 1
Phil Willow, Christ Megerian, Paige St. John and Rong-Gong Lin II. As Flames raced, some were left in the dark. (Los Angeles California. Periódico: Los Ángeles Times. Jueves 12 de octubre de 2017), 1

[210] U-T News Services. Los Ángeles California. Periodic: The San Diego Union-Tribune. Wildfires flare up Again in northern California. Jueves 12 de octubre de 2017) ,1

*destroyed by wildfire in Santa Rosa. Rush said Wednesday that he
and his wife and dog escaped with only their medication and bag
of dog food when flames overtook their entire neighborhood on
Monday").*[211]

¡Pérdidas! ¡Sí! Pero no es el fin del mundo para las personas
que perdieron sus propiedades, aún tienen la vida y, con ella,
todavía tienen la oportunidad de la recuperación de sus deseos
más anhelados. Con las ayudadas sociales y económicas que
existen en la administración de Estados Unidos pueden levantar
nuevamente sus casas y poco a poco podrán obtener una vez
más sus muebles: ¡Ahora serán nuevos! Creo que la mayoría de
los que perdieron sus bienes materiales, con el tiempo, en ellos,
se cumplirán las palabras del profeta Isaías, cuando dijo: "Serás
como un huerto regado y como manantial cuyas aguas nunca
faltan".[212]

Ahora bien, compañero, nota que esta es una promesa
para todo aquel que practica el ayuno de una manera correcta,
este es el contexto de este pasaje: de Isaías 58. Los afectados
por los incendios en California podrán recuperar sus bienes
materiales, pero los que practican el correcto ayuno podrán
obtener los deseos de sus corazones porque estarán haciendo
la voluntad de Dios. Y, cuando se hace la voluntad de Dios,
el mismo Señor ayuda para que el adorador o el que ayuna
correctamente pueda obtener los deseos de su corazón. No hablo
de cosas materiales, aunque ellas pueden venir, sino que hablo
de lo que creo que está hablando Isaías 58, de las bendiciones
espirituales primeramente, como la paz, la armonía, la felicidad,
el contentamiento, la amistad con Dios y un fuerte deseo de

---

[211]   Isaías 58:11, (VP).

212

adorar al Señor. Después, creo que vendrán las cosas materiales.

Jesús, en cierta ocasión dijo: "Más buscad primeramente el reino de Dios y su justicia – y eso se puede hacer ayunando-, y todas – las otras cosas: comida, bebida, ropa, casa, educación, familia-os serán añadidas".[213] Cuando se busca a Dios por medio del ayuno, entonces, se logra la recuperación de los deseos más anhelados. Practicando el correcto ayuno se obtiene la promesa que dice: "Serás como un huerto regado y como manantial cuyas aguas nunca faltan".[214]

¿Ayunar? ¡Sí! Es más que una práctica eclesiástica, es un mandato divino que ayuda a la recuperación del campo o ambiente espiritual. Una vez que logramos recuperar el campo o ambiente espiritual, entonces estamos listos para recibir la protección divina. Y, es aquí, en donde entramos en otra esfera más profunda en la vida cristiana porque no solamente recuperamos la comunión con Dios, sino que también logramos recuperar nuestros deseos más anhelados.

---

213   Mateo 6:33, (RV).

214   Isaías 58:11, (VP).

Todavía Hay Oportunidad

He aquí, no se ha acortado la mano del Señor para salvar; ni se ha endurecido su oído para oír. Pero vuestras iniquidades han hecho separación entre vosotros y vuestro Dios. Y vuestros pecados le han hecho esconder su rostro de vosotros para no escucharos.

. . . Por tanto el derecho está lejos de nosotros, y no nos alcanza la justicia; esperamos luz, y he aquí tinieblas, claridad, pero andamos en oscuridad.

. . . Sí, falta la verdad, y el que se aparta del mal es hecho presa.

Y lo vio el Señor, y desagradó a sus ojos que no hubiera derecho. Vio que no había nadie, y se asombró de que no hubiera nadie quien intercediera. Entonces su brazo le trajo salvación, y su justicia le sostuvo.

. . . En cuanto a mí - dice el Señor -, este es mi pacto con ellos -: Mi Espíritu que está sobre ti, y mis palabras que he puesto en tu boca, no se apartarán de tu boca, ni de la boca de tu descendencia, ni de la boca de la descendencia de tu descendencia - dice el Señor – desde ahora y para siempre.

Isaías 59:1-2; 9; 15-16; 21.

M I HERMANO ISRAEL es un año menor que yo. Ambos memorizamos algunos textos de la Biblia. Ambos hemos escuchado y leído las hermosas historias bíblicas. Ambos escuchamos los devocionales bíblicos cada mañana en la Casa Hogar "*El Buen Pastor*" de la ciudad de Morelia, Michoacán, México, en donde estuvimos internados por ocho años. Y, ambos asistíamos a la Iglesia Presbiteriana y luego a la Tercera Iglesia Bautista, ambas iglesias situadas de la ciudad de Morelia.

Años después, mi hermano estudió en la Escuela Bíblica de la ciudad de Córdoba, Veracruz, México. Mientras estaba como estudiante, trabajó como misionero al mismo tiempo por algunos meses en la región de la tribu de los Ojitecos en el Sureste de la Sierra del estado de Oaxaca, teniendo como centro de operaciones la Iglesia Bautista de La Fuente Misteriosa.

El tiempo siguió su curso. Mi familia y yo nos mudamos a California. En 1997, mi hermano llegó a nuestro hogar para vivir con nosotros por algún tiempo. Nos acompañó algunos domingos a la iglesia que yo estaba pastoreando en la ciudad de la Habra, California. En la navidad de ese mismo año le regalamos una Biblia con una dedicación que decía así:

> **Israel, cada día lee una porción de este libro Sagrado para que te ayude en el crecimiento espiritual de tu vida.**
>
> (Ef. 5:19-20).

Con amor, Tus hermanos:

Eleazar y Sara.

Mi hermano había salido de la Casa Hogar sin haber terminado sus estudios secundarios. Salió de la Escuela Bíblica sin terminar su carrera. Salió de La Fuente Misteriosa y del Campo misionero sin dejar algo estable. Y, al final de cuentas, salió de nuestro hogar sin llevarse su Biblia (esa Biblia es la que estoy usando para estos devocionales).

El Profeta Isaías dice: *"He aquí, no se ha acortado la mano del Señor para salvar"*, por lo tanto, creo, espero y oro para que algún día, ahora que "Todavía Hay Oportunidad", mi hermano, quien todavía sigue navegando en sus ideas y sentimientos; timoneando por senderos equivocados, regrese a aquellos principios que nos enseñaron en la Casa Hogar; a aquellos principios que aprendió en la Escuela Bíblica. ¡A los principios morales y espirituales que se encuentran en la Biblia!

En fin, oro, espero y creo que mi hermano puede y debe regresar a los caminos Celestiales y dejar los terrenales en paz.

Pero, ¿por qué dejar los terrenales si en ellos vivimos y nos movemos? Porque de acuerdo al profeta Isaías los caminos terrenales nos pueden causar un serio problema, siguiendo los caminos terrenales podemos volvernos materialistas, ingratos, egoístas y hasta cristianos panteístas siguiendo ideas como esta: "Jesús dijo: 'Yo soy la luz que está sobre todos ellos. Yo soy el universo: el universo ha salido de mí y ha llegado hasta mí. Partid un trozo de madera y allí estoy yo. Levantad una piedra

y allí me hallareis".[215] Esto es lo que el profeta Isaías llama
"iniquidades" [216] Esta es la razón por la cual el profeta dice que
las *"iniquidades han hecho separación"* entre Dios y nosotros.[217]
Esta separación o negativa de Dios trae como consecuencia un
resultado trágico, a tal grado que, el profeta declara que: "....
el derecho está lejos de nosotros". ¿Cuál es pues el meollo del
asunto? ¡La falta de la verdadera Verdad; de lo que es correcto
en nuestra vida! Isaías cierra esta declaración afirmando que no
existe la verdad entre el pueblo. Al decir: *"Sí, falta la verdad"*[218]
en nuestra vida.

Compañero, si tú te encuentras en la misma situación o
parecida a la de mí hermano Israel, permíteme decirte una
buena noticia: ¡Todavía hay Tiempo!

¿Tiempo para qué?

**I.- PARA QUE PUEDAS VER EL ROSTRO DE DIOS;
Y ASÍ TENER COMUNIÓN CON EL.**

Compañero, estamos en los linderos de nuestro viaje, en el
siguiente capítulo, es decir, en Isaías 60, el profeta nos llevará a
pensar en otra dimensión, o como dijeran los gnósticos; en otro

---

[215]   Jesús García-Consuegra González. El Evangelio Gnóstico de Tomás.
(Madrid, España. Editorial Creación. 2013), 51. www.editorialcreacion.
com

[216]   Iniquidad: *Definición.* Iniquidad se refiere a la cualidad de inicuo.
Designa maldad, perversidad, abuso o gran injusticia, es decir, todo acto
contrario a la moral, la justicia y la religión. La palabra proviene del latín
iniqŭtas, iniquitātis, que traduce *"cualidad de injusto",* y sus sinónimos son
injusticia, maldad, infamia o ignominia.

[217]   Isaías 59:2 (VP).

[218]   Isaías 59:9, (VP).

eón: ¡La futura gloria de la ciudad de Jerusalén! En ese profético futurismo pasado, El Señor reina entre su pueblo; él es su Dios. Así lo dice el mismo Señor por medio del profeta Isaías, cuando dijo: "Y vendrá el Redentor a Sion- es decir a Jerusalén-, y a los que se volvieren de la iniquidad en Jacob, dice Jehová".[219]

De acuerdo a esta declaración: primero, el Redentor llegará a Jerusalén. Otro de los profetas bíblicos dijo: "¡Alégrate mucho, hija de Sion! ¡Grita de alegría, hija de Jerusalén! Mira, tu rey viene hacia ti, justo, salvador y humilde...".[220] Ambos textos afirman que la profecía de Isaías 59:20 se cumplió al pie de la letra; es decir, literalmente. Jesús, el Redentor de los Judíos nació en Belén de Judea, muy cerca de Jerusalén, ya estaba entre ellos, entre los judíos.[221] Luego, casi al final de su ministerio Terrenal, el Señor Jesús, el Redentor del pueblo de Dios entró a la ciudad de Sion, a Jerusalén en cumplimiento de la profecía de Zacarías.[222] El Señor quería tener un acercamiento más personal con la humanidad; deseaba –y lo sigue deseando- un compañerismo con su creación favorita, el ser humano.

Segundo, la misma profecía de Isaías dice: "...y a los que se volvieren de la iniquidad en Jacob,...". Es decir que, no solamente el Redentor debería de llegar a la ciudad de Jerusalén, sino que su propósito era habitar; tener comunión con los que

---

[219] Isaías 59:20, (RV, 1960).

[220] Zacarías 9:9, (NVI).

[221] Lucas 2:1-7.

[222] Mateo 21:1-10.

se aparten de la iniquidad.[223] Esto es lo que Dios desea, convivir con sus criaturas. Desde el Huerto del Edén el Señor se ha dedicado – no encuentro otra palabra más acertada al tema- a tener un compañerismo con su creación favorita. La llegada de Jesús a esta tierra muestra esa dedicación. ¿Rechazado por su creación? ¡Sí!, ¡más de una vez! Pero no se dio por vencido. Una de las familias que nunca lo rechazó, fue la de Lázaro, el hombre de Betania que Jesús resucitó. Cuando Jesús fue rechazado por los samaritanos se dirigió a Betania y: "¡Qué claro contraste que fuera a un hogar en donde sabían quién era El y le apreciaban por ello!"[224]

Ahora bien, compañero, piensa en esto. Jesús fue rechazado muchas veces y por mucha gente, uno de ellos, es mi hermano Israel. Dios le ha dado tiempo para que se arrepienta y, creo que lo hará. Al igual que a mi hermano a ti y a mí el Señor nos sigue dando tiempo; ¿TIEMPO PARA QUÉ? Para que podamos ver el rostro de Dios; es decir, para que podamos tener comunión con él, recordemos que eso es lo que el Señor desea. La pregunta es: ¿Cuál es la condición que el Señor pide para poder tener comunión con Él? Solamente que nos separaremos del pecado; de la iniquidad, es decir, de los principios terrenales y las emociones equivocadas. Cuando nos enfoquemos en Dios y su justicia, entonces, el bien y la misericordia del Señor nos

---

[223] *Iniquidad.* Iniquidad es pecado. En el griego es el término Anomia, un término que significa estar sin ley; la anomia describe de una manera general los actos pecaminosos, es una referencia a casi todos los actos que están en contra de la justicia divina. S. Leticia Calcada: Edición General. Diccionario Bíblico Ilustrado Holman: *Pecado.* (Nashville, Tennessee. ByH Publishing Gorup. 2008), 1240.

[224] Frank Viola. *El Lugar Favorito de Dios en la Tierra.* (Bogotá, Colombia. Editorial Desafío. 2015), 34.

acompañaran todos los días de nuestra vida.[225] Conoceremos a
Dios y tendremos compañerismo con él.

II.- PARA QUE CONOZCAS LA VERDAD.

Esta es otra de las ventajas que tenemos, porque en el Señor:
¡Todavía hay Tiempo! ¿Tiempo para qué? Primero, tiempo para
tener comunión con Dios, segundo, tiempo para conocer la
verdad. Es triste la realidad social y moral del pueblo de Israel
que presenta el profeta Isaías ante nuestros ojos. Y nosotros
somos testigos, ¿verdad que sí compañero? Mientras estamos
aquí en Jerusalén: "No se ve la verdad por ninguna parte; al que
se aparta del mal lo despojan de todo".[226] Y no estoy hablando
de *Tepito* en la ciudad de México, estoy comentando la situación
moral de la ciudad de Jerusalén a la luz del mensaje del profeta
Isaías.

Conocer la verdad es una de las cosas más saludables de
la humanidad pero, el problema es que, la pregunta: ¿qué es
la verdad?, ha inquietado a sabios y no sabios. "verdades" tras
'verdades" y más "verdades" de toda índole han surgido en
las mentes de los humanos y muchos aún siguen buscando la
Ultima Verdad. Cuando Jesús fue llevado por los sacerdotes ante
el Gobernador Poncio Pilato para que lo sentencia a muerte, se
suscitó un pequeño pero muy interesante diálogo entre Jesús y
Pilato acerca de la verdad. Pilato le preguntó a Jesús si él era el
rey de los judíos. La respuesta de Jesús fue si Pilato lo decía por
su propia iniciativa o se lo habían contado. En un tono brusco,
Pilato, le dice que él no es judío, pero que la nación judía es la

---

225   Salmo 23:6.

226   Isaías 59:15, (NVI).

que le había entrega a Jesús y, en ese instante, Pilato, le hace otra pregunta:

-"¿Qué has hecho?"
-La respuesta de Jesús fue: "... *Mi reino no es de este mundo; si mi reino fuera de este mundo, mis servidores pelearían para que yo no fuera entregado a los judíos; pero mi reino no es de aquí.*
-Le dijo entonces Pilato: ¿Luego, eres tú rey?
-Respondió Jesús: *Tú dices que yo soy rey. Yo para esto he nacido, y para esto he venido al mundo, para dar testimonio a la verdad. Todo aquel que es de la verdad, oye mi voz.*
-Le dijo Pilato: ¿Qué es la verdad?
Y cuando hubo dicho esto, salió otra vez a los judíos, y les dijo: Yo no hallo en él ningún delito".[227]

LA VERDAD estaba frente a Pilato.[228] "Allí, en presencia de aquel sencillo, inquietante y odiado galileo, Pilato se dio cuenta de que la verdad seguía siendo un misterio para él... ".[229] Probablemente este sea el motivo por el cual no espero la respuesta a su última pregunta. Salió de la presencia de LA VERDAD para conocer la "verdad" de los sacerdotes en cuanto a Jesús. El Señor le dio tiempo para conocer LA VERDAD pero Pilato desprecio a ambos: al tiempo y a LA VERDAD. Sí, en ocasiones pensamos que la sabiduría del mundo es más eficiente que la sabiduría de Dios; que la verdad del mundo es más correcta que LA VERDAD de Dios. Nuestra naturaleza pecaminosa nos inclina hacia la verdad del mundo. Compañero, no te olvides

---

[227]   Juan 18:35-38, (RV 1960).

[228]   Juan 14:6: "Jesús le dijo: Yo soy el camino, y la verdad, y la vida,. . .".

[229]   William Barclay: *Juan II: Volumen 6: Comentario al Nuevo Testamento.* (Terrassa Barcelona), España. Editorial CLIE. 1996), 275.

que el que gobierna este mundo es Satanás y que él, desde el principio es un mentiroso,[230] entonces, toda verdad del mundo es una verdad a medias, me refiero a las verdades espirituales, las científicas es otro asunto, aunque, existen verdades "científicas" que no son realidades sino teorías, hipótesis y supociones; una de ellas es la creación. Otra es el olfato. "Comúnmente, hasta hace poco se pensaba que los seres humanos pueden oler aproximadamente 10.000 olores diferentes. Pero, eso ya no se cree que sea cierto. Por lo tanto, ¿cuántos diferentes olores puede esa nariz en el medio de su cara detectar? Los científicos en la Universidad Rockefeller de Nueva York se propusieron probar la idea de 10.000 olores diferentes. El número data de 1927, pero nunca fue científicamente investigado".[231] Hoy día se piensa, por nuevas pruebas científicas que la nariz del ser humano puede oler mucho más que 10.000 olores diferentes. "Entonces, ¿cuál fue el número oficial? ¡Un trillón de olores diferentes - e incluso esto, dicen, es muy probable que sea una subestimación!"[232] Y, sin embargo, LA VERDAD de Dios no cambia, porque: "Jesucristo es el mismo ayer, y hoy, y por los siglos".[233]

**Compañero, déjame decirte dos grandes
Realidades en cuanto a La Verdad:**

---

[230]   Juan 8:44.

[231]   Momentos de la Creación: ¿Cuántos olores puede oler la nariz del humano? (La Habra, California. Internet. Consultado el 11 de enero de 2018), 1-2.

[232]   Momentos de la Creación: ¿Cuántos olores puede oler la nariz del humano? (La Habra, California. Internet. Consultado el 11 de enero de 2018), 1-2.

[233]   Hebreos 13:8, (RV, 1960).

**A.- *Si logras conocer la verdad* bíblica *y seguirla,
entonces lograrás agradar al Señor Jesucristo y él, con toda
seguridad, te recompensará.***

En el pasaje que he citado de Juan 18, se nota que: "Pilato
reconoció su derrota. Entregó a Jesús a la voluntad de la
chusma – y lo digo con respeto, pues eran los sacerdotes de Dios –
porque no tuvo el valor para hacer la decisión justa y asumir su
responsabilidad".[234] El gobernador, tenía el poder romano para
soltar a Jesús pero, no tuvo el valor para enfrentar las acusaciones
de los judíos y mejor aceptó su derrota al concederles la petición
a los sacerdotes de que Jesús debería de ser crucificado por el
hecho de querer hacerse rey de los judíos. Esta fue una de las
series de mentiras contra Jesús. Pilato, para nada agradó a Señor
Jesucristo al no querer saber más sobre LA VERDAD. Me
refiero a Jesús y su ministerio Redentor.

Compañero, Jesús vino para decirnos la verdad y para
conducirnos a la verdad. Esto es que, no tenemos opción, o
aceptamos esta verdad para ser libres y tener la vida eterna o
salimos al mundo al estilo de Pilato, para buscar la verdad de
la libertad y la vida eterna en los principios terrenales. En la
filosofía la verdad es relativa; para el filósofo es verdad o mentira
el caso expuesto. En la Psicología la verdad es condicional;
depende del estado anímico del paciente pero, en la Biblia, la
verdad es absoluta; Dios es Dios y su Palabra es toda verdad.

Al conocer la verdad de Dios en las Escrituras, una de las
grandes bendiciones que tenemos, además de ser libres – tema
que trato más adelante -, es disfrutar del Don espiritual; un

---

[234] William Barclay: *Juan II: Volumen 6: Comentario al Nuevo Testamento.*
(Terrassa Barcelona), España. Editorial CLIE. 1996), 274.

Don que se le ha llamado la triada de Dios o del Espíritu Santo, es decir, lo que conocemos como el fruto del Espíritu Santo que: "… es amor, alegría, paz, paciencia, amabilidad, bondad, fidelidad, humildad y dominio propio. No hay ley que condene estas cosas".[235] ¿Te das cuenta? ¡"No hay ley que condene estas cosas"! ¡Esta es una de las grandes recompensas por conocer y aceptar LA VERDAD de Dios!

B.-Jesús dijo: "Y conoceréis la verdad, y la verdad os hará libres".[236]

En el dialogo con Pilato, Jesús, dice claramente que él había venido para dar testimonio de la verdad; vino para hablar de Dios, vino para hablar de sí mismo como LA VERDAD eterna y, también vino para hacer mención de la vida. Es decir que, Jesús vino para decirnos la verdad de aquellas cosas y personajes que hacen del ser humano una persona libre de toda clase de ataduras. La expresión: "Y conoceréis la verdad, y la verdad os hará libres", no es una utopía sino una realidad en aquellos que creemos que la Palabra de Dios es absolutamente correcta.

Conocer la Verdad de Dios es ser libres de los principios terrenales. El conocer la verdad de Dios y su Palabra, no solamente nos libera para pensar correctamente sino que, de acuerdo al pastor Charles F. Stanley, al conocer la verdad también tenemos por lo menos cuatro grandes beneficios, porque la verdad para nosotros es:

1.- "Que Jesús asume la responsabilidad de darnos la victoria al caminar con El (Proverbios 16:3).

---

[235] Gálatas 5:22-23, (NVI).

[236] Juan 8:32, (RV).

2.- Que con nuestro Salvador *siempre* hay esperanza (Juan 16:33).

3.- Que Dios no solo oye nuestras oraciones, sino que es fiel para contestarnos (Mateo 7:7-11).

4.- Y que el Padre nos ama tanto, que nunca nos dejará (Juan 10:11-, 27-28)".[237]

Estas son promesas de Dios. Compañero, recuerda, las promesas de Dios son en él Sí, y en él amén".[238] Esto es que, si Jesucristo asume la responsabilidad de la victoria; ¡tendremos la victoria en los ataque contra el enemigo! Que si en Jesucristo hay esperanza, entonces, como dijo Pablo, nunca seremos avergonzados porque "la esperanza no avergüenza".[239] Que si Jesucristo, cuando escucha nuestras oraciones es fiel en contestarnos, entonces, nuestras oraciones no son en vano, ¡existe una respuesta divina! Y, si el Padre Dios nos ama más allá de nuestra comprensión, entonces, ¡démonos por bien amados!

¿Te das cuenta, compañero? Si tan logras conocer la verdad bíblica y seguirla, entonces lograrás agradar al Señor Jesucristo y él, con toda seguridad, te recompensará mucho más allá de estas cuatro cosas o promesas que he mencionado, aunque, a decir verdad, para mí, estas cuatro promesas divinas son suficientes para vivir y disfrutar la existencia terrenal y asegurar la celestial.

III.- ¡PARA QUE SEAS SALVO!

A.- Dios hace todo lo posible para que seamos salvos.

---

[237] Charles Stanley. *Cada día en su presencia: 365 devocionales.* (Nashville, Tennessee. Editorial Vida. 2016), 14.

[238] 2 Corintios 1:20, (RV60).

[239] Romanos 5:5.

Esta es la tercera de las ventajas que tenemos porque en el Señor, su paciencia no se ha agotado: ¡Todavía hay Tiempo! ¿Tiempo para qué? Primero, he dicho que tenemos tiempo para tener comunión con Dios, segundo, que tenemos tiempo para conocer la verdad. Y tercero, ¡para ser salvo!

El profeta Isaías ha dicho: "Lo ha visto, y le ha asombrado ver que no hay nadie que intervenga. Por eso su propio brazo vendrá a salvarlos; su propia justicia los sostendrá".[240] Por favor, nota esta expresión: *"No hay nadie que intervenga"*. La Ex asesora presidencial Omorosa Manigault Newman fue despedida de la Casa Blanca en los Estados Unidos en el mes de diciembre de 2017. "Manigault Newman fue asistente de Trump y directora de comunicaciones de la Oficina de Enlace Público de la Casa Blanca. Fue despedida en diciembre pasado (2017) y su relación con Trump "llegó a un fin decisivo y definitivo", afirma Amazon. com.".[241] En un correo electrónico, el presidente Trump escribió: "Ella nunca lo logró, nunca lo hará. Ella me rogó por un trabajo, lágrimas en sus ojos, yo dije está bien. La gente en la Casa Blanca la odiaba. Ella era viciosa, pero no inteligente. Raramente la veía pero escuchaba cosas muy malas. Desagradable con la gente y constantemente faltaba a reuniones y al trabajo".[242] ¡Y nadie la

---

[240]   Isaías 59:16, (NVI).

[241]   Clarín Mundo. *El libro que destroza al presidente. Ex asesora de la Casa Blanca: "Trump quería cambiar la Biblia por un libro suyo para jurar como presidente".* (La Habra, California. Internet. Consultado el 21 de agosto de 2014), ? https://www.clarin.com/mundo/ex-asesora-casa-blanca-trump-queria-cambiar-biblia-libro-jurar-presidente_0_SJVaNo6rQ.html

[242]   Multimedia. *Trump critica a exconsejera Omarosa Manigault Newman.* agosto 13, 2018. Voz de América – Redacción. (La Habra, California. Internet. Consultado el 18 de agosto de 2018), 2. https://www.voanoticias.com/a/trump-critica-a-exconsejera-omarosa-manigault-newman-/4526370.html

defendió! ¿Qué ha hecho el Congreso ante este despido? ¿Qué han hecho los partidos Demócrata y Republicano al respecto? ¿Qué han hecho las Cámaras de Diputados y Senadores de los Estados Unidos por este aparente despido injustificado de Omorosa M. Newman? Hasta hoy, 21 de agosto de 2018, ¡nada!

En cambio, el profeta Isaías, dice que Dios cuando ve a los desamparados; cuando ve a aquellos que han sufrido injusticias, los atiende. Cuando se da cuenta de aquellos que necesitan ser rescatados de sus pecados o de las injusticias humanas, no entra en política ni es insensible ni indiferente a sus necesidades. La Biblia dice que el brazo Dios: "… vendrá a salvarlos; (que) su propia justicia los sostendrá". Esto la hace Dios para que el ser humano sea salvo. Esto es lo que hace por ti, mí estimado compañero de viaje.

B.- La justicia de Dios sostiene.

Una vez que Dios ha hecho todo lo posible para que seamos salvos; para que las injusticias de la vida humana no nos afecten de una manera dañina, la justicia de Dios entra en acción para sostenernos en esa salvación. Esta es otra de las grandes verdades que encontramos en la Palabra de Dios; Dios es justo y en él no hay injusticias. El patriarca Job, dijo: ¡Ni pensar que Dios cometa injusticias! ¡El Todopoderoso no pervierte el derecho![243]El apóstol Pablo se pregunta: "¿Qué concluiremos? ¿Acaso es Dios injusto? – y su respuesta es - ¡De ninguna manera!".[244]

Ahora bien, compañero, como Dios es justo y desea que seamos salvos y que permanezcamos en Su salvación, entonces,

---

[243]   Job 34:12, (NVI).

[244]   Romanos 9:14, (NVI).

compañero, recuerda que *"no se ha acortado la mano del SEÑOR para salvar"*.[245] Esto es que Jesucristo nos ha salvado y quiere seguir salvando; que el Padre Dios en Jesucristo ha mostrado su justicia salvadora y protectora hacia todos aquellos que hemos sido salvos y la mostrará a los que lleguen a ser salvos por fe en Cristo Jesús porque: "no se ha acortado la mano del SEÑOR para salvar". ¡Hay tiempo para ser salvos!

IV.- PARA QUE EL ESPÍRITU SANTO ESTE EN TU VIDA Y DE ESTA MANERA

PUEDAS DAR EL FRUTO ESPIRITUAL.

Esta es la cuarta de las ventajas que tenemos ante el Señor porque a nuestro Dios, su paciencia no se le ha agotado: ¡Todavía hay Tiempo! ¿Tiempo para qué? Primero, he dicho que tenemos tiempo para tener comunión con Dios, segundo, que tenemos tiempo para conocer la verdad. Tercero, que tenemos tiempo ¡para ser salvo! Y, una vez que somos salvos, el Señor nos da tiempo para que sigamos creciendo en su comunión, en su verdad y para que nos estemos regocijando en Su salvación. ¿Cómo logramos todo esto? Por medio de esta cuarta oportunidad o ventaja que tenemos en la paciencia de Dios.

En la paciencia de Dios, Su presencia de Dios en nuestra vida será notoria cuando la gente vea la presencia del Espíritu Santo en nuestras vidas. ¿Pero, cómo la verán si es algo espiritual? Por la conducta. La manera como vivimos dará testimonio de que el Espíritu Santo está en nuestras vidas. La gente se dará cuenta cuando demos el fruto del Espíritu del que ya he hecho referencia, es decir, cuando la gente vea en nuestras vidas: "amor,

---

245   Isaías 59:1, (BA).

alegría, paz, paciencia, amabilidad, bondad, fidelidad, humildad y dominio propio",[246] podrá decir sin ninguna equivocación que estamos siendo guiados por el Espíritu Santo; ¡Podrá decir qué estamos dando el fruto espiritual!

Esto es lo que el profeta Isaías dijo cuándo se paró a la entrada de la ciudad de Jerusalén para predicar o anunciar que las quejas del pueblo de Israel de que Dios los había abandonado, era por causa de que sus pecados; el pueblo era culpable delante de Dios: no eran justos, andaban en oscuridad espiritual, caminaban "palpando la pared como ciegos, y andaban a tientas como sin ojos".[247] Estaban lastimados, esperando la salvación pero no la había porque no confesaban sus pecados; no se arrepentían de sus malos caminos, seguían pensando que estaban en LA VERDAD de Dios. Pero, de momento, el profeta Isaías les dice que Dios hará algo que ellos no pueden hacer, Dios espera que ellos se arrepientan; que vuelvan a Dios y entonces:

> *"'El Redentor vendrá a Sión; ¡vendrá a todos los de Jacob que se arrepientan de su rebeldía!' —Afirma el Señor—.*
> *'En cuanto a mí —dice el Señor—, este es mi pacto con ellos: Mi Espíritu que está sobre ti, y mis palabras que he puesto en tus labios, no se apartarán más de ti, ni de tus hijos ni de sus descendientes, desde ahora y para siempre'.*
> *—Dice el Señor—."*[248]

¡LA VERDAD se hizo presente! Mucho tiempo después de Isaías, llegó a Jerusalén en la persona de Jesús. Pero lo más

---

[246] Gálatas 5:22-23, (NVI).

[247] Isaías 59:10, (RV, 60).

[248] Isaías 59:20-21, (NVI).

interesante es que, primero: Es una realidad histórica y espiritual para todos los que nos hemos arrepentido de nuestra manera incorrecta de vivir. Segundo: El Espíritu de Dios que estaba sobre Isaías está con nosotros. ¡Esta es la promesa! "… este es mi pacto con ellos: Mi Espíritu que está sobre ti, y mis palabras que he puesto en tus labios, no se apartarán más de ti, ni de tus hijos ni de sus descendientes, desde ahora y para siempre".[249] El Espíritu Santo está con nosotros y por eso debemos de dar muestras de ello con la manifestación del Fruto del Espíritu.

Sí, mi estimado compañero de viaje, y tú también, mi amiga que estás leyendo este libro, ¡Todavía hay Tiempo! ¡Aprovéchalo! La Biblia dice: "…, todavía falta que algunos entren en ese reposo, y los primeros a quienes se les anunció la buena noticia no entraron por causa de su desobediencia. Por eso, Dios volvió a fijar un día, que es 'hoy', cuando mucho después declaró por medio de David lo que ya se ha mencionado: 'Si ustedes oyen hoy su voz, no endurezcan el corazón'."[250]

Compañero ¡Todavía hay tiempo! LA VERDAD está frente a ti, no la rechaces. En ella y con ella la vida es completamente distinta; es vivir una nueva vida. ¿Por qué? Porque cuando aprovechamos el tiempo que Dios nos está concediendo, entonces: podemos tener comunión con Dios; podemos conocer la verdad cultural y científica y también LA VERDAD espiritual; podemos ser salvos de nuestros pecados y de los engaños de este mundo y, daremos el fruto del Espíritu Santo, porque Dios y Su palabra estará en nosotros por medio de Su Espíritu.

¿TIEMPO PARA QUÉ? ¡Para ser diferentes!

---

[249]   Isaías 59:21, RV, 60).

[250]   Hebreos 4:6-7, (NVI).

A Su Debido Tiempo

Levántate, resplandece, porque ha llegado tu luz y
la gloria del Señor ha amanecido sobre ti.

. . . ¿Quiénes son éstos que vuelan como nubes,
y como palomas a sus ventanas? Ciertamente las
costas me esperarán, y las naves de Tarsis vendrán
primero, para traer a tus hijos de lejos, y su plata y
su oro con ellos, por el nombre del Señor tu Dios, y
por el Santo de Israel que Él te ha glorificado.

. . . Nunca más se pondrá tu sol, ni menguará tu
luna, porque tendrás al Señor por luz eterna, y se
habrán acabado los días de tu luto.

Entonces todos los de tu pueblo serán justos; para
siempre poseerán la tierra, vástago de mi plantío,
obra de mis manos, para que yo me glorifique.

El más pequeño jugará a ser un millar, y el más
insignificante una nación poderosa.

Yo, el Señor, a su tiempo lo apresuraré.

Isaías 60:1; 8-9; 20-22.

E N EL MES de octubre, de 1998, el pueblo judío celebró
su 50º aniversario de la nación de Israel. Aprovechando
ese evento, Phillip S. Saad, pastor de la Iglesia Bautista
de Haifa y presidente de la ABC (*Iglesias Bautistas Árabes*)
durante un congreso en Jerusalén dijo: "El 50º aniversario de

Israel en verdad es un gran milagro del Dios todopoderoso. Es un claro testimonio de que Dios establece a su pueblo: 'Dios no rechazó a su pueblo, al cual conoció de antemano' (Romanos 11:2). Este aniversario 50 también es una de las señales más grandes para el progreso de Cristo y una prueba como también un testimonio de la verdad de las palabras de Jesús: *'El cielo y la tierra pasarán, pero mis palabras no pasarán'"* (Mt. 24:35).[251]

El *Enlace Judío: El medio judío más leído del mundo de habla hispana*, el 24 de mayo de 2017, dijo: "El mundo judío celebra el aniversario número 50 de la reunificación de Jerusalén el 23 y 24 de mayo".[252]

Aunque debemos de recordar que la nación de Israel, como nación, tiene 70 años de historia como Estado de Israel. Fue un 14 de mayo de 1948 cuando llegó a ser Estado libre, el dominio británico se alejó de Palestina y dejó a los israelitas libres para que hicieran de su país un estado libre y soberano. Pero, aunque su independencia fue en el mes de mayo de 1948 su Aniversario lo celebran desde el mes de abril.[253] Entonces, pues, el aniversario 50 tiene que ver con la Guerra de Seis Días

[251] Phillip S. Saad. Revista: *Llamada de Medianoche.: La Voz Profética para los últimos tiempos.* Artículo: *Nuestra responsabilidad hacia Israel de acuerdo a Romanos 11: Cristianos árabes en Israel.* (Columbia, SC. Nov-Dic. 1998), 9.

[252] Enlace Judío: El medio más leído del mundo de habla hispana. HOY CELEBRAMOS 50 AÑOS DE REUNIFICACIÓN DE JERUSALÉN CON 50 HECHOS SOBRE NUESTRA CIUDAD SAGRADA (La Habra, California. Internet. Consultado el 22 de agosto de 2018), 2. https://www.enlacejudio.com/2017/05/24/hoy-celebramos-50-anos-reunificacion-jerusalen-50-hechos-nuestra-ciudad-sagrada/

[253] Mundo. Sección: Aniversario: *Hace 70 años nacía el Estado de Israel.* (La Habra, California. Internet. Consultado el 22 de agosto de 2018), 1. https://www.clarin.com/mundo/hace-70-anos-nacia-israel_0_SJ8PHwI2z.html

entre Israel y la Coalición Árabe. En memoria de tan acertada victoria de Israel sobre los árabes, "El Día de Jerusalén es una festividad nacional israelí que conmemora la reunificación de Jerusalén en la guerra de los Seis Días, en 1967".[254]

Dios, el Dios de las promesas, cumplió con hacer una nación después de estar por años subordinados a diferentes pueblos; como Egipto en donde el pueblo de Israel estuvo por más de cuatrocientos años como esclavos; como Babilonia, en donde el pueblo de Dios estuvo cautivo por setenta años; luego fueron esclavos de Persia hasta el tiempo de Alejandro Magno con quien los griegos conquistaron los territorios de Siria y Palestina, a causa de esta conquista, los judíos quedan bajo el poder del imperio Griego. Un imperio que comenzó en el año 1200 a.C., y terminó el año 146 a.C., con famosa batalla de Corinto. "La batalla de Corinto fue un enfrentamiento militar de la República romana en el 146 a. C. que resultó con la destrucción absoluta del estado griego de Corinto, famoso por sus fabulosas riquezas".[255] Grecia, dejó a los judíos bajo el dominio de los helenistas por un periodo desde el año 323 hasta el 146 cuando Roma llega a ser la "Señora" de casi todos los territorios de los griegos. Así, pues, el Pueblo de Dios nuevamente queda en cautiverio, ahora del imperio romano. Luego, Israel, fue esclavo otros más contemporáneos como Inglaterra.

[254] Enlace Judío: El medio más leído del mundo de habla hispana. HOY CELEBRAMOS 50 AÑOS DE REUNIFICACIÓN DE JERUSALÉN CON 50 HECHOS SOBRE NUESTRA CIUDAD SAGRADA (La Habra, California. Internet. Consultado el 22 de agosto de 2018), 2. https://www.enlacejudio.com/2017/05/24/hoy-celebramos-50-anos-reunificacion-jerusalen-50-hechos-nuestra-ciudad-sagrada/

[255] Wikipedia. La Enciclopedia libre. *Batalla de Corinto.* (La Habra, California. Internet. Consultado el 24 de agosto de 2018), 1. https://es.wikipedia.org/wiki/Batalla_de_Corinto

Sin embargo, Dios, el Dios de Israel no se olvidó de los suyos, su fidelidad es grande y su amor por los suyos es inmenso, aunque no deja de ser un Dios justo, por tal motivo, en su justicia y a su debido tiempo les dijo; ahora: *"Levántate, resplandece; porque ha venido tu luz, y la gloria de Jehová ha venido sobre ti"*. Otra traducción dice: *"Levántate, Jerusalén, envuelta en resplandor, porque ha llegado tu luz y la gloria el Señor brilla sobre ti"*.[256]

Algunos dispensacionalistas como Eduardo Hernández A., Osvaldo B. García, Jesse Miranda, Samuel Molina P., y mi profesor de Introducción a la Teología y de Historia Eclesiástica en el Seminario Fuller de Pasadena, California, creen que este mensaje de Isaías 60 se cumplirá en el milenio, apoyan la idea de que: "Madian...Sabá...Cedar....Nebaiot. pueblos que vivían en varios lugares de la península árabe eran tradicionalmente enemigos de Israel. En la época del milenio ya no serán enemigos".[257] Sin embargo, nosotros, los redimidos por el Señor Jesucristo, a medida que leemos estas promesas anhelamos su cumplimiento: ¡anhelamos que la gloria del Señor Jesucristo brille sobre nosotros! Pero debemos esperar con paciencia el tiempo de Dios. Entendemos que el Señor, en su justicia y soberanía controla la historia y entreteje nuestras vidas en su plan.

Así por ejemplo, los lugares mencionados en los versículos 6 y 7 de este capítulo sesenta de Isaías y de los cuales ya he comentado en el párrafo anterior – *Madián, Efa, Sabá, Cedar,*

---

[256] Isaías 60:1, (RV60) y Dios Habla Hoy: Versión Popular de 1979.

[257] Nota de pie de página en La Biblia de las Américas: Biblia de Estudio. (Nashville, Tennessee. B & H ¡Español! Y por The Lockman Foundation. 2000), 988.

y Nebaiot - pertenecían a tribus poco conocidas del desierto de Arabia, cientos de kilómetros lejos de Israel. Por ejemplo. **Madián** era un territorio al este del río Jordán, y **Efa**, era una de las tribus de esa región;[258] así que madianitas y efatitas eran vecinos de Israel. "**Sabá**, Región al sur del desierto de Arabia, famoso por su oro (Jer.6:20; Ez. 27:22)...**Cedar**, Región de Siria, cubierta por desiertos. En esas regiones distantes, moraba gente considerada salvaje y violenta".[259] **Nebaiot**. Un pueblo que era descendiente de Ismael (Génesis 25:13)",[260] el hijo de Abraham. Todos ellos estaban algunos cerca de Israel como las tribus de los madianitas y los efatitas, pero otros, como los de Cedar y los de Sabá, se encontraban distantes de Israel. Por ejemplo, la distancia entre Israel y Siria en vía terrestre actual es de 9 hora y 48 minutos; es decir, una distancia de 751.1 kilómetros. Por avión, viajando en la línea Aerobús A320, se hace un tiempo de 42 minutos volando 569 km. (354 M).[261] Y, sin embargo, la promesa hecha al pueblo de Dios es que toda la gente de esas regiones vendría a Jerusalén porque Dios viviría allí y su luz los atraería. Y lo están haciendo, no hay que esperar un tiempo o Periodo Milenial para que el mensaje de Isaías 60 se esté cumpliendo. Miles y miles de personas viajan a Jerusalén año con año. Yo, también espero hacerlo muy pronto.

---

[258]   Nota de pie de página en la *Biblia de Estudio Esquematizada*. Reina Valera, 1960. (Brasil. Sociedades Bíblicas Unidas. 2000), 1057.

[259]   *Cedar*. Nota de pie de página en la *Biblia de Estudio Esquematizada*. Reina Valera, 1960. (Brasil. Sociedades Bíblicas Unidas. 2000), 1081.

[260]   *Nebaiot*. Nota de pie de página en la Biblia de Estudio Esquematizada. Reina Valera, 1960. (Brasil. Sociedades Bíblicas Unidas. 2000), 1081.

[261]   Calculadora de Distancias. *Israel- Siria*. (La Habra. California. Internet. Consultado el 22 de agosto de 2018)? https://www.entfernungsrechner.net/es/distance/country/il/country/sy

Compañero, si consideramos los tiempos del profeta Isaías en donde los viajes eran caminando, en burro o en camello, entonces, compañero de Viaje, ¡estamos hablando de días de viaje! Oh, tal vez, ¡de meses! Hoy día, "La distancia en línea recta (ruta aérea) entre el centro geográfico de Estados Unidos y el centro geográfico de Israel es de 10866 km (6752 millas o 5867 millas náuticas)".[262] Esto es que si los 10866 km un avión los vuela a una velocidad de 500 km/h, el tiempo para llegar de los Estado Unidos a Israel será de 21 horas y 43 minutos, ¡casi 22 horas volando! Aun así, la profecía y promesa de Dios para los israelitas fue que: "Las naciones serán guiadas por tu luz, y los reyes, por tu amanecer esplendoroso. Alza los ojos, mira a tú alrededor: todos se reúnen y acuden a ti. Tus hijos llegan desde lejos; a tus hijas las traen en brazos".[263] Tan lejos como los Estados Unidos.

Compañero, esa es una promesa también para nuestro tiempo, o por lo menos, la podemos aplicar a nuestros días. Lo que quiero decirte es que, no te desalientes cuando mires a tu alrededor y veas que muy pocas personas se vuelven a Dios. Esta es una característica contemporánea, pues, en lugar de acercarse a Dios y a su Iglesia, la gente de nuestro tiempo está llena de ocupaciones al grado de que cada día se alejan más y más de Dios; existe una indiferencia mortal hacia Jesucristo y su Iglesia. Pero la profecía dice que un día toda la gente alrededor del mundo lo reconocerá como el único Dios verdadero".[264]

---

[262] Google. (La Habra, California. Internet. Consultado el24 de agosto de 2018), 1

[263] Isaías 60:3-4, (NVI).

[264] Nota en la *Biblia del Diario Vivir.* (Nashville, Tennessee. Editorial CARIBE. 1997), 963.

De hecho, tal parece que con el 50º Aniversario de Israel, el pueblo judío disperso en todo el mundo y muchos otros de diferentes nacionalidades, están regresando al territorio israelita. Las estadísticas del año 1998 nos confirman esta migración. En el año 1997, "la población de la nación asciende a 5, 987,000 en la víspera del Año Nuevo judío, dijo Yosef Yahav, un analista del gobierno, durante una conferencia de prensa – y siguió diciendo que -.

La población de Israel ocupa el puesto número 95 a nivel mundial, por delante de Finlandia, Dinamarca, Noruega y Holanda. Los nacimientos en Israel subieron un 3% en 1997 al nacer 124,500 bebés. Las madres judías que están registradas con el gobierno, dieron a luz 86, 100 bebés.

De las 66, 000 personas que llegaron a vivir en Israel de otros países en 1997, un 58.7% eran judíos, un 1.6% eran cristianos y un 39.7% eran de otra categoría. Un enorme 54,600 (83%) de los que llegaron a Israel vinieron de la antigua Unión Soviética. La población de Israel está compuesta por un 79.4% de judíos, 14.8% de musulmanes, 2.1% de cristianos, y 3.7% de otras categorías. 2,3 millones de personas visitaron el país el año pasado (1997)." [265]

Y aún hay más, Jerusalén ha sido llamada la Capital de Israel por el presidente de los Estados Unidos Donald Trump. El 6 de diciembre del año 2017, el presidente D. Trump hizo el controversial anuncio de cambiar la Embajada Estadounidense de Tel Aviv a Jerusalén reconociendo que esta ciudad es la capital de Israel. "El anuncio acerca a Trump al cumplimiento de la

---

[265] Revista: Llamada de Medianoche. Artículo: *Retorno de Judíos a la Tierra Prometida continua sin disminuir en lo más mínimo.* (Columbia SC. Nov-Dic. 1998), 24.

promesa de su campaña de trasladar la embajada de Estados
Unidos de Tel Aviv a Jerusalén, una medida largamente
buscada por Israel, pero que no hicieron anteriores presidentes
estadounidenses debido a las preocupaciones regionales y el
Estado disputado de Jerusalén entre israelíes y Palestinos; ambas
partes reclaman la ciudad santa como su capital".[266]

Los profetas Isaías, Jeremías, Ezequiel, Daniel y otros, han
visto la ciudad de Jerusalén como la ciudad principal de la nación
de Israel. Desde que fue conquistada por los ejércitos del rey
David, se le llamó "Ciudad de justicia", "Ciudad fiel", "ciudad
santa", "Ciudad del Señor", "Sión del Santo de Israel", "Ciudad
de la Verdad", "morada y lugar de reposo donde Dios ha decidido
poner su trono", Sión, la ciudad de Dios, "monte del Señor",
"monte Sión", "Sión, mi santo monte", y "la ciudad del gran
rey".[267] Jerusalén, tiene una fama de ciudad capital desde que los
Jebuseos, quienes habitaban esta ciudad, fueron conquistados
por el rey David. Con justa razón, "El 5 de diciembre de 1949, el
entonces primer ministro de Israel, David Ben-Gurión proclamó
a Jerusalén capital del Estado de Israel".[268] El periodista Oren
Liebermann se pregunta: "Entonces, ¿por qué la embajada – de
los Estados Unidos - aún no se ha trasladado – desde Tel-
Aviv, la actual Capital de Israel a Jerusalén? – su explicación es

---

[266]   Oren Liebermann ¿Por qué declarar a Jerusalén capital de Israel
es tan controversial? MIRA: Trump reconoce a Jerusalén como
capital de Israel. (La Habra, California. Internet. Consultado el 28
de agosto de 2018), 1. https://cnnespanol.cnn.com/2017/12/06/
por-que-declarar-a-jerusalen-capital-de-israel-es-tan-controversial/

[267]   Isaías 1:26; 52:1; 60:14; Zacarías 8:3; Salmo 2:6; 132:13-14; Jeremías
8:19; 31:6; Abdías 17; Salmo 42:8, (NVI).

[268]   Wikipedia: La Enciclopedia libre. *Jerusalén*. (La Habra, California.
Internet. Consultado el 28 de agosto de 2018), ¿?. https://es.wikipedia.org/
wiki/Jerusal%C3%A9n

que -: Todos los presidentes desde 1995, los presidentes Clinton, Bush y Obama, se han negado a trasladar la embajada, citando los intereses de seguridad nacional".[269] Esto es, no lo hicieron porque no reconocieron a Jerusalén como la Capital de Israel sino por otros intereses, pues el embajador de Israel en el Perú, Raphael Singer, dijo que: "Jerusalén es la capital de Israel no por decisión de Estados Unidos. Es nuestra capital de los últimos 70 años. El Parlamento, la sede de Gobierno, el presidente, la Corte Suprema están en Jerusalén".[270]

¿Entonces? Por declaración de los profetas bíblicos y los salmistas, ¡Jerusalén es la Capital de la nación de Israel! ¡Es la ciudad del gran Dios! Una ciudad que de acuerdo a Isaías 60, está siendo visitada por la gente de todo el mundo. De acuerdo al ránking emitido por la Organización Mundial de Turismo (OMT), Israel, en el año 2017 estaba fuera de los países más visitados: Francia ocupó el primer lugar con 89.9 millones de turistas internacionales, España estuvo en segundo lugar con 81.8 visitantes, el tercer lugar le tocó a Estados Unidos con 75.9 turistas internacionales. China en cuarto lugar con 60.7, Italia en quinto con 58.3 millones, México en sexto con 39.3 millones de visitantes. El Reino Unido con 37.7 millones de visitantes estuvo en el séptimo lugar, luego Turquía con 37.6 en octavo lugar. El noveno lo ganó Alemania con 37.5 millones de

---

[269]   Oren Liebermann ¿Por qué declarar a Jerusalén capital de Israel es tan controversial? MIRA: Trump reconoce a Jerusalén como capital de Israel. (La Habra, California. Internet. Consultado el 28 de agosto de 2018)? https://cnnespanol.cnn.com/2017/12/06/por-que-declarar-a-jerusalen-capital-de-israel-es-tan-controversial/

[270]   JESÚS MOYA CHOY. *"Jerusalén es la capital de Israel no por decisión de EE.UU."* Periódico "El Comercio" de Perú. (La Habra, California. Internet. Consultado el 28 de agosto de 2018), ¿?. https://elcomercio.pe/autor/jesus-moya-choy

visitantes y, el décimo lugar la OMT se la dio a Tailandia a la cual llegaron en el año 2017 35.4 millones de visitantes.[271] Estos datos no desmeritan la profecía de Isaías ni las visitas a Israel en el año 2017, aunque de acuerdo a los datos de *Mundo Cristiano,* "El 2017 fue un año récord para el turismo israelí con más de 3.6 millones de personas visitando el país. Eso es 700,000 visitantes más que en 2016".[272] La profecía bíblica indica que más gente estará visitando la ciudad de Sion; es decir, Jerusalén, en los próximos años.

Ahora bien, me supongo que tú y yo; como cristianos que somos, viendo todos los acontecimientos proféticos cumplirse al pie de la letra, nos hemos preguntado, ¿hasta cuándo, Señor, nos levantaremos? ¿Hasta cuándo, Señor, resplandeceremos como las estrellas en una noche oscura? ¿Hasta cuándo, Señor, tu gloria amanecerá sobre nosotros? ¡Ah, mi hermano, mi hermana en Cristo, tengamos paciencia! Porque por la gracia de Dios, tú y yo, ¡nos encontraremos entre aquella *"gran multitud"* de Apocalipsis 7:9-10 adorando a nuestro Gran Dios; Jesucristo! El apóstol Juan, dice:

"Después de esto miré, y apareció una multitud tomada de todas las naciones, tribus, pueblos y lenguas; era tan grande que nadie podía contarla. Estaban de pie delante del trono y del Cordero, vestidos de túnicas blancas y con ramas de palma en

---

[271]   Reforma. Los países más visitados. México y Estados Unidos figuran en la importante lista mundial. (Los Ángeles, California. Periódico La Opinión. Domingo 2 de septiembre del 2018), 16. Laopinion.com

[272]   Mundo Cristiano. Homepage. El 2017, un año récord para el turismo de Israel. Datos del 15 de enero de 2018. (La Habra, California. Internet. Consultado el 3 de septiembre del 2018), 1.   http://www1.cbn.com/mundocristiano/israel/2018/january/el-2017-un-ano-record-para-el-turismo-de-israel

la mano. Gritaban a gran voz: '¡La salvación viene de nuestro Dios, que está sentado en el trono, y del Cordero!'."[273] A esta "multitud" nos unimos para adorar al "Cordero de Gloria" como dice Marcos Witt en el canto: "Con tu Sangre nos has redimido para nuestro Dios."[274]

¡Claro que sí!. . . . *A su Debido Tiempo* – y este puede ser hoy mismo- nos uniremos al coro celestial para adorar al "*Cordero de Gloria*". Por lo pronto, nos unimos a los miles de cristianos alrededor del mundo que le cantan al "Cordero de Gloria". Esto es que, antes de que llegue "*A su debido tiempo*", ya podemos prepararnos adorando a nuestro Redentor en esta vida en compañía de los miles de cristianos porque, a decir verdad, ha llegado el tiempo de adorar con todas nuestras fuerzas, con todo nuestro corazón, con toda nuestra mente y con todo nuestro espíritu al que nos ha rescatado de las garras del malino y nos ha hecho participantes de Su glorioso pueblo: ¡El pueblo de Dios![275]

Entonces pues,. . .

I.- A SU DEBIDO TIEMPO NOS PRESENTAREMOS "BAÑADOS" DE LA GLORIA DE CRISTO ANTE EL PADRE DIOS.

"*¡Levántate y resplandece, que tu luz ha llegado!*
¡La gloria del Señor brilla sobre ti!"
Isaías 60:1, (NVI

---

[273]   Apocalipsis 7:9, (NVI).

[274]   Marcos Witt. *LETRA CON TU SANGRE.* (La Habra, California. Internet. Consultado el 28 de agosto de 2018), 1. https://www.musica.com/letras.asp?letra=1547290

[275]   Deuteronomio 6:5; Mateo 22:37.

II.- A SU DEBIDO TIEMPO NOS PRESENTAREMOS ANTE EL PADRE DIOS CON NUESTRO PASAPORTE DE REDENCIÓN (PLATA).

*"En mí esperarán las costas lejanas; a la cabeza vendrán los barcos de Tarsis trayendo de lejos a tus hijos, y con ellos su oro y su **plata**, para la honra del Señor tu Dios, el Santo de Israel, porque él te ha llenado de gloria. "Su plata y su oro con ellos. . ." Isaías 60:9, (NVI).*

Plata, en la Biblia es un símbolo de redención.

III.- A SU DEBIDO TIEMPO NOS PRESENTAREMOS ANTE EL PADRE DIOS CON NUESTRA CARTA DE JUSTIFICACIÓN (ORO).

"En mí esperarán las costas lejanas; a la cabeza vendrán los barcos de Tarsis trayendo de lejos a tus hijos, y con ellos su *oro* y su plata, para la honra del Señor tu Dios, el Santo de Israel, porque él te ha llenado de gloria. "Su plata y su oro con ellos. . ." Isaías 60:9, (NVI).

Oro, en la Biblia es un símbolo de justicia, de realeza, de pureza.

Ahora bien, ¿qué nos garantiza que a su debido tiempo tendremos ese glorioso encuentro?

Su autoridad, con la cual nos transportará sobre y a través de todas las huestes celestiales.

El más débil se multiplicará por miles, y el menor llegará a ser una nación poderosa. Yo soy el Señor; cuando llegue el momento, actuaré sin demora».
Isaías 60:22, (NVI).

Por lo tanto, hermano, hermana en Cristo y tú, mi compañero de viaje, ¡cobren ánimo! Porque A Su Debido Tiempo, Jesucristo nos presentará ante su Padre celestial. Mientras eso sucede, sigamos adorando a nuestro Dios; sigamos cantándole con todo el grupo de los redimidos. Preparemos para que *A su Debido Tiempo* resplandezcamos a la luz de nuestro Dios.

Ahora, O Quizás, Nunca

"Yo, el Señor, amo la justicia, pero odio el robo y
la iniquidad.
En mi fidelidad los recompensaré y haré con ellos
un pacto eterno.
Sus descendientes serán conocidos entre las naciones,
y sus vástagos, entre los pueblos.
Quienes los vean reconocerán que ellos son
descendencia bendecida del Señor".

Isaías 61:8-9, (NVI).

EL PROFETA ISAÍAS ESTABA meditando en su
aposento, y como un resorte que ha estado bajo presión
y de repente es soltado saltando de un lado a otro, de esa
misma manera, el profeta Isaías, se levantó de su asiento y salió
corriendo – no de un lado a otro sino - por la Calle Principal
de Jerusalén. Mi compañero y yo le seguimos, casi troteando,
hasta que llegó frente al palacio del rey Ezequías y allí le oímos
predicar este hermoso y alentador mensaje de las buenas nuevas
de salvación que se encuentra en el capítulo sesenta y uno de
su libro.

Isaías sabía que era *Ahora o Quizás Nunca* que tenía que
alentar a su pueblo; que tenía que decirles que Dios había

abierto una puerta de escape. No podía aguantar de decirle a su amado pueblo que Dios los exaltaría sobre todas las naciones concediéndoles Su salvación.

Leamos estas hermosas palabras que salieron desde el mismo corazón del profeta. Son palabras de gozo. Yo no sé, tú, mi compañero de viaje, si alcanzas a ver el rostro del profeta mientras pronuncia estas palabras. En mi espíritu, yo sí lo veo. ¡Es un rostro alegre! ¡Es un rostro que no había visto en todo este viaje espiritual! ¿Y cómo no va a estar alegre cuando está viendo a su pueblo y a su amada ciudad con grandes bendiciones de parte de su Dios? Notemos sus alegres palabras:

> El Espíritu del Señor omnipotente está sobre mí, por cuanto me ha ungido para anunciar buenas nuevas a los pobres. Me ha enviado a sanar los corazones heridos, a proclamar liberación a los cautivos y libertad a los prisioneros, a pregonar el año del favor del Señor y el día de la venganza de nuestro Dios, a consolar a todos los que están de duelo, y a confortar a los dolientes de Sión.
>
> Me ha enviado a darles una corona en vez de cenizas, aceite de alegría en vez de luto, traje de fiesta en vez de espíritu de desaliento.
>
> Serán llamados robles de justicia, plantío del Señor, para mostrar su gloria. Reconstruirán las ruinas antiguas, y restaurarán los escombros de antaño; repararán las ciudades en ruinas, y los escombros de muchas generaciones.
>
> … Me deleito mucho en el Señor; me regocijo en mi Dios. Porque él me vistió con ropas de salvación y me cubrió con el manto de la justicia. Soy semejante a un novio que luce su diadema, o una novia adornada con sus joyas.

Porque así como la tierra hace que broten los
retoños, y el huerto hace que germinen las semillas,
así el Señor omnipotente hará que broten la justicia
y la alabanza ante todas las naciones".

Isaías 61:1-4; 10-11, (NVI).

Al profeta Isaías le quedaba poco tiempo sobre esta tierra,
ya era un anciano y sabía que muy pronto se reuniría con su
Señor; con su Dios Redentor. Por lo tanto, sabía que era Ahora o
Quizás Nunca el que su pueblo entendiese y tuviese la esperanza
de que *"su descendencia (sería) conocida entre las naciones, y
sus vástagos en medio de los pueblos; todos los que los vean los
reconocerán, porque son la simiente que el Señor ha bendecido".*276

La acción y las palabras de Isaías me trasladaron a los
tiempos del Señor Jesucristo. En mi espíritu llegué a aquellos
días en que Jesucristo caminaba por las polvorientas calles de
las ciudades de Palestina y, en especial a aquel día en el que
el evangelista Lucas narra en su evangelio la curación de una
mujer gentil, la cual, viendo pasar a Jesús por una calle de su
ciudad, seguramente pensó que esa era su única, y quizás, la
última oportunidad de ser sanada. Pues, ya para ese entonces,
había gastado todo su dinero en consultas y recetas médicas y...
¡Nadie la había podido sanar!277

Así que, aquel día, entró a la multitud que seguía al Maestro
judío y logró, entre apretujones, desprecios, insultos y quizás
hasta golpes, acercase a Jesús por la parte de atrás de su persona.
Estando allí, solamente, en un acto de fe, tocó el borde del
manto que traía puesto Jesús. No tocó todo el manto, ¡sólo el

---

276   Isaías 61:9, (NVI).

277   Lucas 8:43.

borde!²⁷⁸ Y, en ese mismo instante, ¡quedó sana de su terrible enfermedad! Con esa sencilla pero arriesgada acción, ¡logró lo que tanto deseaba; su salud!²⁷⁹

Si por cualquier otro motivo o circunstancia, aquella mujer galilea no hubiese tocado el borde del manto del Señor Jesús, quizás, ¡nunca hubiese sido aliviada! y por ende, parece ser que, moriría en, con y a razón de esa enfermedad. Una enfermedad que la avergonzaba. William Barclay dice que: "La vergüenza de la mujer se explica porque su enfermedad la hacía inmunda (*Levítico 15:19-33*). El flujo de sangre la había separado de la vida. Por eso fue que no vino a Jesús de abiertamente, sino ocultándose entre la gente, y por lo que le dio tanta vergüenza darse a conocer cuando Jesús preguntó que quien le había tocado".²⁸⁰

¡Ah! También recuerdo que un día la multitud acompañaba a Jesús y a sus discípulos mientras salían de la ciudad de Jericó. Y allí, junto al camino, estaba el ciego Bartimeo. Cuando Bartimeo se dio cuenta que era Jesús de Nazaret el que pasaba por ahí, seguramente que pensó dentro de sí: ¡ahora es mi oportunidad de poder ver! Así que, sin importarle los comentarios, regaños y quizás las amenazas de sus paisanos, comenzó a llamar a gritos a Jesús. Al escuchar aquellos gritos, de pronto, Jesús, se paró, llamó a Bartimeo, y estando frente a frente, Jesús le preguntó:

El borde de su manto. Los judíos piadosos ponían filacterias (Mt 9:20) en sus capas, en señal de profunda devoción a la ley de Dios (Núm. 15: 37-41, Dt 22:12; Mt 23:5). Brasil. Comentario de pie de página en la *Biblia de Estudio Esquematizada*. Reina Valera 1960. Sociedades Bíblicas Unidas. 2010), 1513.

²⁷⁹ Lucas 8:43-44.

²⁸⁰ William Barclay. *Comentario al Nuevo Testamento: Lucas: Volumen 4.* (Terrassa (Barcelona), España. Editorial CLIE. 1994), 144.

"¿Qué quieres que haga por ti?" - El ciego respondió de inmediato -, Rabí, (mi maestro), *quiero ver. Puedes irte – le dijo Jesús-; tu fe te ha sanado. Al momento recobró la vista. . . .".*[281] Si por cualquier razón o circunstancia aquel ciego Bartimeo no hubiese gritado, no hubiese clamado en favor de su ceguera física, quizás, su ojos nunca hubiesen recogido las bellas imágenes de la naturaleza. Bartimeo hubiese muerto sin conocer los colores y la belleza de la naturaleza.

Volviendo a nuestros días y a nuestro Continente, en especial a aquel día miércoles 20 de enero, de 1999, por la tarde. Ese día me encontraba solo en mi oficina, como a eso de las 4:00 p.m., me comenzó un dolor en el pecho. Poco a poco el dolor fue más fuerte, pero seguí con mis actividades. A las 6:00 p.m., ya no pude seguir escribiendo el mensaje que predicaría el domingo. Como aún no había nadie en la iglesia, pues el servicio comenzaba a las 7:00 p.m., pensé que lo mejor sería sentarme junto al teléfono por si acaso era necesario llamar a los paramédicos. Mi familia llegó poco antes de las siete y tras ellos los demás hermanos. Sintiendo calambres en el brazo izquierdo y aun el dolor en el pecho, bajé (mi oficina estaba en el segundo piso) a la Capilla para iniciar el culto de oración y estudio bíblico. Sin decir a nadie mi problema, antes del estudio, pedí a todos los presentes que se tomaran de las manos y que oraran por mí.

Al día siguiente; jueves, tenía que trabajar y manejar desde las 3:00 a.m. hasta las trece horas; una de la tarde. Durante la oración, el Reverendo Fred De León, puso sus manos sobre mi cabeza y hombros pidiendo a Dios que me ayudara. Y, ¡Dios lo hizo! ¡El me ayudó y sanó!

---

[281]   Marcos 10: 51-52. (NVI).

Si por cualquier motivo o circunstancia, aquel miércoles 20 de enero, de 1999, no hubiese pedido la ayuda de Dios en oración, quizás nunca más hubiese podido manejar para la empresa *Trader Publishing Company*. Quizás hubiese muerto aun con mi licencia de manejar vigente.

Ahora bien, mi estimado lector, tú que me has acompañado en estos viajes por Palestina en tiempos de Isaías y de Jesús, me permito hacerte saber o recordarte que Jesucristo vino con *"el Espíritu del Señor DIOS. . . sobre Él, para traer buenas nuevas a los afligidos;. . . a los quebrantados de corazón"*, anunciándoles que Ahora o Quizás Nunca más podrán tener la libertad de todo aquello que los está oprimiendo. Tales opresiones como la enfermedad, la opresión demoniaca, la ceguera física y espiritual y toda clase de dolores físicos, emocionales y espirituales.[282]

Jesucristo, ahora; en nuestro tiempo y en nuestro Continente, está anunciando la gloriosa posibilidad de ser consolados y fortalecidos como un hermoso huerto que disfruta del cuidado de su dueño.[283]

Entonces pues, mí estimado lector o lectora, ahora o Quizás, Nunca, es que tienes que:

I.- REEDIFICAR LAS RUINAS ESPIRITUALES DE TU VIDA.

"Entonces reedificarán las ruinas antiguas, levantarán los lugares desbastados de antaño, y restaurarán las ciudades arruinadas, los lugares desbastados de muchas generaciones".
Isaías 61: 4, (RV).

---

[282] Isaías 61:1, (NVI).

[283] Isaías 61:2-3.

Muy buena esperanza la que nos presenta este texto. Los verbos *"reedificar"*, *"levantar"*, y *"restaurar"* me hacen pensar la experiencia del futbolista mexicano Rafael Márquez. ¿Qué experiencia? Te la cuento.

Además de la posible *"Tercera Guerra Mundial"* iniciada por los Estados Unidos y Corea del Norte, la noticia televisiva, en los periódicos y en algunas revistas que sobresalió en los primeros días del mes de agosto del año 2017, fue la de que, Rafael Márquez, el capitán de la Selección Nacional de Futbol en México, quien es un veterano de la Copa del Mundo por cuarta vez y uno de los más célebres jugadores del fútbol mexicano, "ha sido identificado por el tesoro de Estados Unidos en un caso de tráfico de drogas, pero que no enfrentaba cargos penales". - La acusación contra - "Márquez ha sido designada por el Departamento de tesorería oficina de activos Control extranjeros (OFAC)". - Es una acusación en la que -: "Según la OFAC, Flores Hernández 'fuertemente se basa' en un grupo de personas y empresas 'para su tráfico de drogas y las actividades de lavado de dinero y mantener activos a su favor'."[284] Es aquí en donde, supuestamente entraba la participación de Rafael Márquez.

Al salir a luz esta acusación, de inmediato se congelaron "cualquiera de los activos de Márquez que son ubicados en los Estados Unidos o controlados por Estados Unidos. Esto incluye cuentas bancarias, fondos de bienes raíces y otros objetos de valor. La designación también generalmente prohíbe a Estados Unidos y empresas participar en transacciones comerciales con

---

[284] Michael McCann. Soccer: *Rafa Marquez's Stunning Role in Allegedly Aiding a Drug Kingpin and His Next Legal Steps.* (Orange, California. Internet. Jueves 10 de agosto de 2017. Consultado el 12 de agosto de 2017), 2.

Márquez".[285] El Club de futbol Atlas de Guadalajara, México, con el que Márquez jugaba, también le cerró las puertas. La situación por la que Rafael Márquez pasó fueron los momentos, las horas y los días en la que necesitaba el apoyo de sus compañeros; de aquellos que se llaman amigos. Pero, muy pocos de ellos, como el futbolista Carlos Vela, ahora - agosto de 2017 - jugador del Equipo de futbol soccer LAFC, tuvieron el valor de sacar la cara en la televisión para apoyar a Márquez o "*Rafa*" como se le llama de cariño. Otro de los valientes que apoyaron a Rafael Márquez públicamente fue Eduardo Giovanni, que tuvo el valor de poner en el Internet las siguientes halagadoras y consoladoras palabras:

"Animo querido Rafa Márquez."[286]

¡Ah, los amigos! Los verdaderos amigos se ponen los zapatos del amigo que se encuentra en problemas. El sabio Salomón, hijo de David, rey de Israel, dijo: "En todo tiempo ama el amigo;. . . Hay amigos que llevan a la ruina, y hay amigos más fieles que un hermano".[287] El caso Rafa Márquez es un claro ejemplo de lo que dicen estos proverbios bíblicos. Pero aún más claro en este caso es que, es necesario dejar que Dios mismo reedifique las ruinas espirituales de la vida de Rafa como también las nuestras. Ese es un principio que nunca ha fallado: si Dios es el fundamento de nuestras vidas, existe una gran posibilidad de que las otras actividades de la vida cotidiana sean reedificadas;

---

[285]   Michael McCann. Soccer: *Rafa Marquez's Stunning Role in Allegedly Aiding a Drug Kingpin and His Next Legal Steps*. (Orange, California. Internet. Jueves 10 de agosto de 2017. Consultado el 12 de agosto de 2017), 2.

[286]   Eduardo Giovanni. *Animo mi querido Rafa*. (La Habra, California. Internet. Consultado Agosto 12 de 2017) ,1.

[287]   Proverbios 17:17, 18:24, (NVI).

en el Dios de Isaías y nuestro existe la ayuda para restaurar aquellas aberturas en el muro de nuestra vida.

Este mismo texto de Isaías 61:4, nos anima a la acción; a la entrega a las buenas obras con una esperanza transformadora. Así lo hicieron los dirigentes políticos y educaciones en Chihuahua, México. Se lanzaron con fe a un cambio "por la buena lectura". Creyeron que: "Los libros pueden ser un antídoto contra la violencia en ese estado". Con esa esperanza de reedificar las vidas de los ciudadanos chihuahuenses: "El estado de Chihuahua, uno de los más violentos de México, saca los libros a las calles y se suma así a una apuesta por recuperar los espacios públicos y reconstruir el tejido social a través de la lectura". La directora general de este proyecto, "Socorro Venegas, explicó que la clave del proyecto es la figura del 'mediador de lectura'." Ese mediador de lectura son ciudadanos que con un modesto salario se convierten en "'paralibros', que aspiran a convertirse en focos de dinamización cultural".[288] La directora de este proyecto sin duda, sabe que "leer 15 páginas, en papel, pueden ayudar a la memoria y al lenguaje".[289] De allí, pues, que, las autoridades de Chihuahua tenían que reconocer que una de las maneras de reedificar su estado es por medio de la buena lectura. Ojalá que dentro de ese proyecto pongan también la Biblia al alcance de los "paralibros" y de los lectores. Si lo hacen, en ella, encontraran dos de las grandes promesas de Dios para reedificar las vidas de los individuos. Una de ellas dice: "Ciertamente, la palabra de

---

[288] México EFE. *Chihuahua apuesta por la Buena lectura.* (Los Ángeles. Periódico La Opinión. Sección: Latinoamérica. Jueves 26 de enero de 2012), 5ª. NOTA: Todas las oraciones o expresiones de este párrafo que están entre comillas pertenecen a esta misma lectura.

[289] Para ti Familia: Redacción. *Ventajas de leer en papel.* (Los Ángeles, California. Periódico La Opinión. Domingo 2 de septiembre de 2018), 14. Laopinion.com

Dios es viva y poderosa, y más cortante que cualquier espada de dos filos – o de cualquier otro libro-. Penetra hasta lo más profundo del alma y del espíritu, hasta la médula de los huesos, y juzga los pensamientos y las intenciones del corazón".[290] Hasta donde yo sé y he experimentado es que lo que Dios dice en Su Palabra es algo poderoso y muy eficaz. La lectura de la Biblia sería una herramienta poderosa en Chihuahua para reedificar las vidas de sus habitantes.

La otra gran promesa se encuentra en el Antiguo Testamento. Es una promesa hecha a Josué. Moisés murió en la frontera de la Tierra Prometida. El liderazgo del pueblo de Israel pasó a manos de Josué. Dios lo anima por medio de estas palabras:

> "Durante todos los días de tu vida, nadie será capaz de enfrentarse a ti. Así como estuve con Moisés, también estaré contigo; no te dejaré ni te abandonaré.
> Sé fuerte y valiente, porque tú harás que este pueblo herede la tierra que les prometí a sus antepasados.
> Solo te pido que tengas mucho valor y firmeza para obedecer toda la ley que mi siervo Moisés te ordenó. No te apartes de ella para nada; solo así tendrás éxito dondequiera que vayas. Recita – o lee- siempre el libro de la ley y medita en él de día y de noche; cumple con cuidado todo lo que en él está escrito. Así prosperarás y tendrás éxito. Ya te lo he ordenado: ¡Sé fuerte y valiente! ¡No tengas miedo ni te desanimes! Porque el Señor tu Dios te acompañará dondequiera que vayas".
> Josué 1:5-9, (NVI).

---

[290] Hebreos 4:12, (NVI).

Compañero, ¡aquí está la clave y la respuesta para una efectiva restauración de la vida! Este es el éxito para reedificar las ruinas espirituales de tu vida, de la de "Rafa", la de los habitantes de Chihuahua, México y la mía. ¡La lectura de la Biblia! Ella ha cambiado a miles de personas, yo soy una de esas miles que está siendo restaurado. Así que, es *Ahora o Quizás Nunca* que seamos bendecidos al reedificar las vidas arruinadas por la acción directa de Dios y por la lectura de la Biblia.

Ahora o Quizás, Nunca, es que tienes que:

II.- RECONOCER EL SACERDOCIO DEL SEÑOR DIOS.

"Y vosotros seréis llamados sacerdotes del Señor;
Ministros de nuestro Dios se os llamará".
(Isaías 61:6a).

Esta segunda bendición va más allá. Dios, no solamente está interesado en que reedifiquemos las ruinas de nuestra vida sino que, quiere que seamos sus sacerdotes: es decir, quiere que seamos sus ministros en este mundo tan desordenado. Todo lo que Dios pide es reconocer su sacerdocio participativo en nosotros. Él es por excelencia el Sumo sacerdote – el gran intercesor –. Y, desea que tú y yo también seamos intercesores entre Dios y la humanidad. ¿Podemos? Compañero, ¿crees que podemos ser intercesores?

El autor del libro de los Hebreos, haciendo referencia Jesucristo, dice:

> *"Así que, hermanos, mediante la sangre de Jesús,*
> *tenemos plena libertad para entrar en el Lugar*
> *Santísimo, por el camino nuevo y vivo que él nos ha*

abierto a través de la cortina, es decir, a través de su
cuerpo; y tenemos además un gran sacerdote al frente
de la familia de Dios. Acerquémonos, pues, a Dios con
corazón sincero y con la plena seguridad que da la fe,
interiormente purificados de una conciencia culpable
y exteriormente lavados con agua pura".291

¡Admirable ministerio! Pero aún más admirable es que Dios
quiere que tú y yo seamos sus ayudantes en este ministerio. ¿Por
qué quiere? ¡Porque lo podemos hacer! Al reedificar las ruinas
espirituales de nuestra vida, nos ha equipado para esta obra
y por consiguiente, Dios, quiere que lo hagamos sin excusas,
porque el Señor sabe que las tenemos: siempre existe una o más
excusas para no cumplir con el sacerdocio divino. Pero, como
el mismo Señor nos ha equipado para este ministerio, entonces,
¡fuera excusas!

El periodista Jorge Luís Macías, el 16 de julio del 2017, hizo
mención de un taller realizado en San José, California, que llevó
por título: *"Taller San José ¡¡Hope Builders"*! (Construyendo
esperanzas). En ese taller se renovaron las vidas de miles de
jóvenes, pues: "Los Talleres de *San José Hope Builders* entrena
a los jóvenes en asistencia en la salud, negocios, construcción,
entre otros",292 de tal manera que todos los que aprueban este
taller, no tienen más excusas para no servirse a sí mismos y a la
sociedad.

De acuerdo a este periodista: "Cada año, *Taller san José*
Hope Builders atiende a un promedio de 450 jóvenes, que están

---

291   Hebreos 10:19-22, (NVI).

292   Jorge Luís Macías. *Construyendo esperanzas.* (Los Ángeles, California.
Periódico La Opinión: Sección: Ayuda a la comunidad. Domingo 16 de
julio de 2017), 2.

atrapados en un ciclo de pobreza. El programa se esfuerza por ayudarles a lograr la autosuficiencia. Y de los más de 5, 450 jóvenes adultos respaldados, el 48% ha terminado su educación postsecundaria y ha desarrollado habilidades para obtener trabajos y salarios superiores a los $12.00 la hora".[293] Este grupo selecto de jóvenes tienen que aprovechar esta oportunidad, pues es *Ahora o Nunca* que lograran el éxito.

Con ese respaldo educacional y económico, los jóvenes adultos californianos no tienen "excusas para lograr el éxito".[294] Si tú y yo, compañero, reconocemos y nos sometemos al sacerdocio del Señor Jesucristo, no tendremos ninguna excusa para lograr el éxito en ser fieles ministros del Señor. No tendremos excusas para llegar a ser lo que Dios quiere que seamos: ¡sus servidores! Servidores en los cuales el fruto del Espíritu Santo debe manifestarse. Ya te lo dicho, pero, te recuerdo que: "…. el fruto del Espíritu es amor, alegría, paz, paciencia, amabilidad, bondad, fidelidad, humildad y dominio propio. No hay ley que condene estas cosas. Los que son de Cristo Jesús han crucificado la naturaleza pecaminosa, con sus pasiones y deseos. Si el Espíritu nos da vida, andemos guiados por el Espíritu. No dejemos que la vanidad nos lleve a irritarnos y a envidiarnos unos a otros".[295]

"No hay ley que condene estas cosas", dice Pablo. ¿Qué cosas? El fruto del Espíritu Santo. Ahora bien, si permanecemos

---

[293] Jorge Luís Macías. *Construyendo esperanzas*. (Los Ángeles, California. Periódico La Opinión: Sección: Ayuda a la comunidad. Domingo 16 de Julio de 2017), 2.

[294] Jorge Luís Macías. *Sin excusas para el éxito*. (Los Ángeles, California. Periódico La Opinión. Domingo 16 de Julio de 2017), 1.

[295] Gálatas 5:22-26, (NVI).

en las enseñanzas y la guía del Espíritu Santo, debemos de poder cumplir con los deseos de Dios. No solamente podemos Reconocer el Sacerdocio del Señor, sino que lo podemos llevar a la práctica. Y, al hacerlo, sigamos el consejo del autor del libro a los Hebreos, el cual nos exhorta a que: "Mantengamos firme la esperanza que profesamos – hombres y mujeres de Dios para servir al Señor-, porque fiel es el que hizo la promesa".[296] Y, por consiguiente, si reconocemos y aceptamos su sacerdocio, él nunca nos defraudará. Pero, tiene que ser ahora que tomemos esta decisión sacerdotal oh, tal vez nunca jamás ministraremos para Jesucristo.

Ahora o Quizás, Nunca, es que tienes que:

III.- REGOCIJARTE EN TU DIOS.

"En gran manera me gozaré en el Señor,
Mi alma se regocijará en mi Dios;
Porque Él me ha vestido de ropas de salvación".
(Is.61:10a).

Dos de los resultados del fruto del Espíritu Santo son el gozo y la paz. El gozo que nos hace sentir la presencia de Dios aun en medio de los conflictos, aun en medio de nuestras batallas sociales, morales, económicas y espirituales. Un compositor cristiano dijo: "Fácil es cantar cuando reina la paz, Pero en el dolor es mejor cantar".[297] Es decir, los problemas y las circunstancias negativas, cuando se vive en el Espíritu Santo no quitan el gozo en el Señor. La palabra griega para gozo "es *jara*,

---

[296]   Hebreos 10:23, (NVI).

[297]   *Letra Cántico celeste en la noche tendrás*. (La Habra, California. Internet. Consultado el 28 de agosto de 2018), 1. https://www.generacionpentecostal. com/letra-cantico-celeste/

y lo característico de esta palabra es que muy corrientemente describe el gozo que procede de una experiencia espiritual (cp. Salmo 30:11; Romanos 14:17, 15:13; Filipenses 1:4, 25). No es la alegría que nos producen las cosas materiales, menos aún el triunfar sobre otros en una competición. Es el gozo cuyo fundamento está en Dios".[298]

El gozo no se debe confundir con la felicidad. La felicidad es otra cosa. La felicidad puede resultar de aspectos positivos no así el gozo. "La felicidad es un estado del ánimo que supone una satisfacción. Quien está feliz se siente a gusto, contento y complacido".[299] El gozo en el Señor Jesucristo se mantiene aun cuando no existe una satisfacción plena de las cosas materiales y aun cuando no se siente a gusto con las circunstancias que le rodean.

El otro resultado es la paz. Esto es disfrutar de serenidad en un mundo convulsivo. Disfrutar de la serenidad que solo Dios puede dar en medio de las circunstancias negativas. Uno de mis amados estudiantes en la *Escuela Bíblica y Misionera* (El CEI) en la ciudad de Córdoba, Veracruz, México, le han diagnosticado metástasis y ningún doctor lo quiere operar y no pueden aplicarle quimioterapia. En un correo electrónico me ha dicho: "Estoy en las manos de Dios y el me da aliento y vida. Solo busco estar en comunión con Dios y la naturaleza y mi sistema inmunológico se fortalece".[300] Lo vi, en una fotografía

---

[298] William Barclay. Comentario al Nuevo Testamento: Gálatas y Efesios: Volumen 10. (Terrassa (Barcelona), España. Editorial CLIE.1998), 75.

[299] *Definición de felicidad.* (La Habra, California. Internet. Consultado el 28 de agosto de 2018), 1 https://definicion.de/felicidad/

[300] Carmelo Cruz. Correo electrónico. Agosto 28 de 2018).

que me envió en ese mismo correo, sentado debajo de un árbol. Le noté la paz de Dios en su vida. Lo vi Regocijarse en su Dios.

¡Ah, la bendita paz y el incompresible gozo de Dios! ¡Nada es comparable! Ambas experiencias espirituales nos hacen regocijarnos en Dios.

Ahora o Quizás, Nunca, es que tienes que:

IV.- RECOBRAR LA TRANSFORMACIÓN QUE SÓLO DIOS PUEDE HACER EN TU VIDA.

"Porque así como la tierra hace que broten los retoños, y el huerto hace que germinen las semillas, así el Señor omnipotente hará que broten la justicia y la alabanza ante todas las naciones. "Así el Señor hará que la justicia y la alabanza broten en presencia de todas las naciones"
(Isaías 61:11b).

Mi amigo, mi amiga, *"reedificar"*, *"reconocer"*, *"regocijarte"* y *"recobrar"* el favor de Dios en tu vida, lo tienes que hacer *Hoy o Quizás Nunca* más tengas esta oportunidad, porque: *"Acabamos nuestros años como un suspiro"* – dijo el salmista".[301] Alguien dijo que el tiempo es como un anciano barbón pero calvo que pasa frente a nosotros, si no lo tomamos por las barbas mientras está frente a nosotros ya no lo podemos detener o aprovechar porque como está calvo no lo podemos detener. Y si no lo podemos detener probablemente no tengamos la oportunidad de reedificar nuestra vida, de reconocer el cómo estamos viviendo, no habrá la oportunidad para regocijarnos en el Señor Jesucristo y sus bendiciones y, por consiguiente, no

---

[301]   Salmo 90:2, (RV).

podremos recobrar el gozo que hay en la salvación que es en Cristo Jesús.

Mi amigo, mi amiga, compañero de viaje, si por cualquier motivo o circunstancia no quieres reedificar tu vida, no quieres reconocer que Dios tiene un ministerio para ti, ni quieres regocijarte en el Señor quien te creó, el cual así mismo quiere redimirte. Oh, si por cualquier motivo o circunstancia no quieres dar los frutos deseados por Dios ahora mismo, quizás, ¡nunca más tengas esta oportunidad! y, quizás, mueras en tu aflicción, en tu quebrantado corazón y en la prisión de tus pecados habiendo tenido una Gran Oportunidad Ahora Mismo.

¡Decídete a actuar ahora mismo en tu favor porque quizás nunca más lo puedas hacer! No importa quien tú seas o en qué ambiente te muevas. La vida no la tenemos comparada ni aun asegurada con los famosos "*Seguros de Vida*".

Piensa en esto:

Los periódicos *New York Post*, *The San Diego Unión-Tribune*, *Los Ángeles Times*, *La Opinión*, y revistas populares, la radio y los noticieros televisivos en inglés y en español, todos ellos, el viernes 17 de agosto de 2018, reconocieron la trayectoria musical de Aretha Franklin, quien fue llamada la "Queen of Soul" (La reina del Soul). Aretha Franklin nació en Memphis, Tennessee, el 25 de marzo de 1942 y falleció el 16 de agosto de 2018 en la ciudad de Detroit, Michigan, a los 76 años a causa de un cáncer de páncreas. "La reina del soul' " una de las voces más impresionantes de la historia de la música que pidió a rabiar 'Respect' (Respeto) y enterneció al mundo entero al ritmo de

'I Say a Little Prayer' (Digo una pequeña oración)",[302] dejó una huella musical impresionante. "Franklin fue condecorada en vida con la Medalla Presidencial de la Libertad – el mayor honor civil que concede la nación, se la entregó el presidente George Bush en 2005 - y con la Medalla Nacional de la Artes, además de ser incluida en el Salón de la Fama del Rock and Roll y de recibir 18 premios Grammy."[303]

Con sus más de 40 álbumes y más de cuarenta años de carrera artística, Aretha Franklin, en 2008 fue considera "por la revista Rolling Stone como la mejor cantante de la historia".[304] Franklin cantó en las tomas de posesión de los presidentes estadounidenses Bill Clinton y de Barack Hussein Obama II. Ante Obama, Aretha Franklin, canto el tema "My Country This of Thee". Y, "fue la primera mujer afroamericana en aparecer en la portada de la revista Time".[305]

Se fue una de las grandes personalidades de la música. Pero no solo ella, también, en el mismo mes de agosto del 2018, se fue uno de los grandes políticos; un héroe estadounidense de nombre John McCain. El día domingo, 26 de agosto de 2018, el

---

[302] EFE. *El mundo despide a Aretha Franklin 'La Reina del Soul'*. (Los Ángeles, California. Periódico la Opinión. Viernes 17 de agosto de 2018), 14.

[303] EFE. *El mundo despide a Aretha Franklin 'La Reina del Soul'*. (Los Ángeles, California. Periódico la Opinión. Viernes 17 de agosto de 2018), 14.

[304] *EFE. El mundo despide a Aretha Franklin 'La Reina del Soul'*. (Los Ángeles, California. Periódico la Opinión. Viernes 17 de agosto de 2018), 14.

[305] Wikipedia. La enciclopedia libre. *Aretha Franklin*. (La Habra, California. Internet. Consultado el 17 de agosto de 2018), 5. https://es.wikipedia.org/wiki/Aretha_Franklin

Periódico *Los Ángeles Times* presentó una fotografía del Senador John McCain; se le ve de perfil contemplando el infinito y, bajo ella las siguientes palabras:

"Un amigo y una espina para ambas partes.

El senador John McCain de Arizona se convirtió en una voz líder en el partido republicano, sobre todo en militares y asuntos exteriores. El nunca perdió una elección, la única vez fue cuando llegó a la casa blanca".[306] Luego, agrega el siguiente título con letras de color negro: **'Él era real. Había una autenticidad'**

El defensor de los inmigrantes, "El Senador de Arizona John McCain, quien sobrevivió a 5½ años como prisionero de guerra en Vietnam llegó a convertirse en una de las personalidades de más alto perfil",[307]en la política de los Estados Unidos dentro del Partido Republicano. En la última ceremonia, en la Catedral Nacional de Washington, antes de ser enterrado en la Academia Naval en Annapolis, Maryland, altos mandatarios estadounidenses como George W. Bush, Barack Obama y William Jefferson Clinton le rindieron honores al republicano Senador McCain. Bush, Obama y la hija de McCain, Meghan, estuvieron de acuerdo en sus discursos que el Senador McCain fue "un hombre de extraordinaria certeza personal y espíritu

---

[306]   Mark Z. Barabak. *Sen. John McCain, 1936 – 2018.* (Los Ángeles, California. Periódico Los Ángeles Times. Agosto 26 de 2018), A1. Latimes. com

[307]   Mark Z. Barabak. *Sen. John McCain, 1936 – 2018.* (Los Ángeles, California. Periódico Los Ángeles Times. Agosto 26 de 2018), A1. Latimes. com

bipartidista, en discursos que criticaron de forma no muy velada al presidente Donald Trump".[308]

Se fue, pues, uno de los grandes políticos estadunidense, de nombre John Sidney McCain III. El héroe de guerra que "nació en 1936 en la Base Naval Aérea de Coco Solo en la Zona del Canal de Panamá, hijo del oficial naval John S. McCain, Jr. (1911–1981) y Roberta (Wright) McCain (n. 1912)".[309] Después de ser liberado de su encarcelamiento de 5½ años en Vietnam, McCain se dedicó a la política en Estados Unidos. "Fue senador sénior por Arizona y en las elecciones presidenciales de 2008 candidato del Partido Republicano de Estados Unidos, que perdió frente al demócrata Barack Obama.…Su lucha política fue tenaz hasta que: "El 19 de julio de 2017 la oficina de prensa del legislador informó que padecía un tumor cerebral. Éste fue sometido a una cirugía para extirpar un coágulo de sangre por encima de su ojo izquierdo y las pruebas 'revelaron que un tumor cerebral primario conocido como un glioblastoma estaba asociado con el coágulo de sangre', informó la Clínica Mayo en un comunicado difundido por la oficina de McCain. Poco más de un año más tarde, el 24 de agosto de 2018, su familia anunció que ya no recibiría tratamiento para su cáncer. McCain falleció el día siguiente a las 16:28 (hora local) en su casa de Cornville a los 81 años de edad".[310] Ciertamente murió un héroe

---

[308]   María Peña. *Con críticas veladas contra Trump, rinden último tributo público a McCain.* (Los Ángeles, California. Periódico La Opinión: Sección: El País. Domingo 2 de septiembre de 2018), 9. Laopinion.com

[309]   Wikipedia: La Enciclopedia libre. *John McCain.* (La Habra, California. Internet. Consultado el 26 de agosto de 2018), 1. https://es.wikipedia.org/wiki/John_McCain

[310]   Wikipedia: La Enciclopedia libre. *John McCain.* (La Habra, California. Internet. Consultado el 26 de agosto de 2018), 4. https://es.wikipedia.org/wiki/John_McCain

que deja una huella tan memorable que el ex vicepresidente Joe Biden, al rendirle honores en Phoenix, Arizona, diciendo que: "El impacto de McCain en Estados Unidos no ha terminado, es un gigante entre nosotros".[311] Su memoria queda en la Historia de los Estados Unidos como un ejemplo a seguir.

¡No tenemos la vida comparada!, no importa quienes seamos ni a qué familia pertenezcamos, de allí mi insistencia en que debemos de recobrar la transformación. Es necesaria una transformación, aun para aquellos que nos consideramos en una posición saludable y que nos movemos en un ambiente espiritual, necesitamos ser transformados cada día. Esa transformación es tan especial y esencial que sólo Dios puede hacerla en nuestras vidas. No me mal entiendas, no estoy diciendo que la cantante Aretha Franklin y el Senador John McCain no fueron transformados por el Señor Jesucristo, eso yo no lo sé. Lo que te quiero decir es que tanto tú como yo, mientras tenemos tiempo; mientras el Señor nos permite la vida en esta tierra, aceptemos el ser transformado en la gracia y por el poder de Jesucristo para disfrutar con mayor amplitud y satisfacción la vida que Dios nos ha prestado. La recomendación del apóstol Pablo es: "No se amolden al mundo actual, sino sean transformados mediante la renovación de su mente. Así podrán comprobar cuál es la voluntad de Dios, buena, agradable y perfecta".[312] La cantante Aretha Franklin y el Senador John McCain no se acomodaron a la vida, lucharon por algo mejor, cada uno en su deseo de ser

---

[311]   EFE. Phoenix. Biden: *"El impacto de MacCain en EEUU no ha terminado.* (Los Ángeles, California. Periódico La Opinión: Sección Nacional. Viernes 31 de agosto de 2018), 1. Laopinion. com

[312]   Romanos 12:2, (NVI).

personas diferentes. Una transformación de nuestra mente, al estilo paulino, compañero, nos puede hacer personas diferentes; personas no acomodadas a los sistemas sino personas sobre los sistemas.

Hasta Lo Último De La Tierra

Pasad, pasad por las puertas; abrid camino al pueblo.
Construid, construid la calzada; quitad las piedras,
alzad estandarte sobre los pueblos.
He aquí, el Señor ha proclamado hasta los confines
de la tierra:
Decid a la hija de Sion: 'He aquí tu salvación viene;
he aquí, su galardón está con Él, y delante de Él su
recompensa.
Y lo llamarán: Pueblo Santo, redimidos del Señor.
Y a ti te llamarán: Buscada, ciudad no abandonada.

Isaías 62:10-12

MIENTRAS ESCUCHABA, EN mi viaje espiritual,
al profeta Isaías decir a los judíos, allí en el patio
del Templo que había sido construido por el
rey Salomón, en la sección reservada para los varones: *"Por
amor de Sion no callaré, y por amor de Jerusalén no me quedaré
quieto, hasta que salga su justicia como resplandor, y su salvación
se encienda como antorcha"*.[313] Me preguntaba: ¿Alcanzaría
el profeta a entender el alcance de la salvación hecha por
Jesucristo? ¿Alcanzaría él a entender que la salvación saldría
desde Belén de Judea y hasta los rincones más insólitos del

---

[313] Isaías 62:1, (BLA).

mundo en que vivimos? Probablemente no lo entendió del todo
pero creo que, por su ferviente predicación allí en ese patio, ¡sí
lo creyó! ¿Cómo sucedería? ¿Cuándo se cumpliría lo que estaba
predicando? Quizás en esas preguntas nunca tuvo la respuesta y,
sin embargo, nunca dudó de que su mensaje se inmortalizaría y
aunque pareciera que nunca llegara a ser una realidad, él estaba
seguro que un día, su mensaje llegaría hasta su cumplimiento;
que la salvación de Dios hacia el hombre se encendería "*como
una antorcha*". El profeta Isaías sabía que la justicia de Dios
puede tardar pero nunca deja de llegar; él sabía que Dios estaba
actuando y que cumpliría con sus promesas.

El día 13 de enero, de 1999, mi cuñado Alfredo Perdomo
y su esposa Hilda viajaron a Italia. Fue un largo viaje de once
horas en avión desde Los Ángeles, California hasta la ciudad de
Roma: "Parecería que nunca íbamos a llegar ~ comentaba mi
cuñado ~, aunque el viaje fue directo y a gran velocidad. Era
como si fuéramos al fin del mundo".[314] Pero, al fin llegaron a
su destino.

Horacio, el poeta romano, autor de las *Odas*, cuyo verdadero
nombre fue *Quintus Oratius Flacuss*, él también pensó que había
llegado muy lejos y que aún seguía avanzando en la historia y
por la eternidad, por eso dijo al terminar su obra literaria: "He
erigido un monumento más perene que el bronce y más alto que
el regio pináculo de las pirámides. . . Jamás moriré del todo".[315]
Y hasta hoy día; Siglo XXI, sigue viviendo en la literatura.

314 Alfredo Perdomo. *Diálogo en su casa*. (Compton, California. Febrero
8 de 1999), 7:45 p.m. Hora de California.

315 T. R. Reid. Selecciones del Reader's Digest. Artículo: *Roma Nunca
Morirá*. (Miami, Florida. Feb. de 1999), 87.

En la introducción a mi libro: *"Diecisiete Años: Las Misiones,*
digo: "Cuando leo la expresión: *"En las partes más lejanas de
la Tierra"* y contemplo el mapa de la República mexicana, no
parece que fui muy lejos en el encargo de la Gran Comisión
que el Señor Jesucristo les dio a sus discípulos. Aunque, cuando
estaba allí, en ocasiones, caminando de diez a quince horas en
un solo día atravesando los valles, las montañas, los ríos y los
arroyos, *". . . las partes más lejanas de la tierra",* ¡todavía estaban
más allá de mis posibilidades y esfuerzos! Efectivamente,
solamente fueron unos cuantos kilómetros en la parte sur del
territorio mexicano que recorrí pero, para mi fueron grandes
distancias en aquellos días que la única manera de llagar a los
pueblos indígenas era caminando o, en ocasiones, volando en
la avioneta cesna.

Hasta los confines de la tierra. Ese fue el propósito de
Jesucristo en cuanto a su mensaje. Mensaje que llegaría hasta
lo más recóndito del mundo. Un mensaje que nadie en todo
el mundo había oído; un mensaje que todo mundo debería
de escuchar porque era y es un mensaje de salvación que Él
había enseñado a sus discípulos. Por consiguiente, poco antes
de su ascensión, encargó a sus amados seguidores esa difícil pero
emocionante tarea: *"Me seréis testigos. . . Por tanto id y haced
discípulos".*[316]

El mensaje de Isaías 62 nos hace pensar que el hombre no
alcanzaría la gloria de Dios, en su tiempo, porque no había
comunicación entre Dios y el hombre a causa del pecado. Pero
entonces, encontramos que Jesucristo, setecientos años después
de Isaías, comenzó la obra de reconstrucción espiritual; la
reconciliación entre Dios y los seres humanos. Abrió un camino

---

[316]   Hechos 1:8; Mateo 28:19, (RV60).

para que el pueblo llegara al cielo; construyó una calzada espiritual desde los confines de la tierra hasta el mismo Trono de su Padre Celestial. El mismo inauguró ese camino, porque él mismo es ese Camino desde mucho antes, en la eternidad, y más allá de los confines de la tierra y hasta el cielo, el otro "extremo" de la eternidad. Por eso mismo dijo: "Voy a mi Padre y a vuestro Padre"... "Ahora no me podéis seguir pero lo harán después".[317] Años más tarde, Pablo le dijo a Timoteo: "Porque hay un solo Dios y un solo mediador entre Dios y los hombres, Jesucristo hombre". [318]

Así que, mí estimado compañero, mi amigo, mi amiga o hermano en Cristo, en todo esto que hemos estado leyendo, hay una gran verdad que sobresale y es que: ¡Jesucristo estaba **seguro que su mensaje llegaría hasta los confines de la tierra!**

Ahora bien, nos preguntamos, ¿por qué Él estaba tan seguro del cumplimiento de esa verdad?

I.- PORQUE EL MISMO HABÍA INICIADO ESA TAREA Y ÉL ESTABA

APOYANDO A SUS OBREROS.

En la alegría que sentía el profeta Isaías mientras veía el futuro glorioso de la ciudad de David – Jerusalén – y a sus moradores disfrutando de las bendiciones de Dios, les animaba a que se levantaran, adoraran al Señor y cumplieran la tarea de preparar la venida del Señor. Aunque Isaías y sus paisanos esperaban al Mesías judío que los libraría de los enemigos, en su ignorancia profética eran animados a esperar al Salvador,

---

317   Juan 20:17; 15:36, (RV60).

318   I Timoteo 2:5, (NVI).

mientras le preparaban el camino. Las palabras de ánimo que el profeta Isaías pronuncia fueron:

"¡Pasen, pasen por las puertas! *Preparen el camino
para el pueblo.*
¡Construyan la carretera! ¡Quítenle todas las piedras!
¡Desplieguen sobre los pueblos la bandera!
Isaías 62:10, (NVI).

Ya te he comentado, compañero de viaje que, en Isaías 11:16; 57:14 y en este pasaje, se hace referencia a la eliminación de obstáculos y la construcción de un camino a Jerusalén. En el comentario que hice de Isaías 60 te expliqué que multitudes llegarían a Jerusalén, algunos para adorar ante el Muro de las lamentaciones, otros para caminar sobre el monte de los Olivos; otros para bautizarse en las aguas del río Jordán y otros solamente como turistas. La profecía indica que Jerusalén recibiría a gente de todas las naciones. El doctor Samuel Pagan dice que: "Este poema continua los temas de esperanza y el tono de restauración de los capítulos anteriores (60-61); se afirma la futura gloria de Sion, que volverá a ser para siempre la esposa del Señor (vv.1-6)".[319]

Esa "*futura gloria de Sion*" de la que hace referencia la profecía de Isaías 60:1-10, se manifestó en los primeros años de la Era Cristiana. Notemos que la profecía de Isaías 62:10, anima al pueblo a quitar todo obstáculo que impida la llegada de los peregrinos o turistas; se ordena al Pueblo de Dios que haga una carretera con el fin de que las personas lleguen a la Santa ciudad y vean la bandera del Señor hondeando en los cielos de la ciudad

---

[319] Samuel Pagan. Serie Conozca su Biblia: Isaías. (Minneapolis, MN. Augsburg Fortress. 2007), 203.

del gran rey y lo adoren. En el Nuevo Testamento leemos las siguientes palabras:

> *"En aquellos días se presentó Juan el Bautista predicando en el desierto de Judea. Decía: «Arrepiéntanse, porque el reino de los cielos está cerca». Juan era aquel de quien había escrito el profeta Isaías:*
>
> *'Voz de uno que grita en el desierto: Preparen el camino para el Señor, Háganle sendas derechas'.*
>
> *Acudía a él la gente de Jerusalén, de toda Judea y de toda la región del Jordán. Cuando confesaban sus pecados, él los bautizaba en el río Jordán. Pero, al ver que muchos fariseos y saduceos llegaban adonde él estaba bautizando, les advirtió: '¡Camada de víboras! ¿Quién les dijo que podrán escapar del castigo que se acerca? produzcan frutos que demuestren arrepentimiento. No piensen que podrán alegar: "Tenemos a Abraham por padre". Porque les digo que aun de estas piedras Dios es capaz de darle hijos a Abraham. El hacha ya está puesta a la raíz de los árboles, y todo árbol que no produzca buen fruto será cortado y arrojado al fuego.*
>
> *Yo los bautizo a ustedes con agua para que se arrepientan. Pero el que viene después de mí es más poderoso que yo, y ni siquiera merezco llevarle las sandalias. Él los bautizará con el Espíritu Santo y con fuego'."* Mateo 3:1-10, (NVI).

Juan, pues, fue la persona con la cual se preparó "el camino para que el pueblo" pudiese acercarse al Señor Jesucristo. Con Juan Bautista las personas podían pasar "por las puertas" de la gracia de Dios hacia una salvación eterna. Con Juan el Bautista se construyó la carretera espiritual y se quitó todo obstáculo que impidiera que Jesucristo fuera adorado y aceptado como el Mesías prometido; se preparó el camino para que la nación de Israel viera la gloria del Señor y para que levantaran la bandera de la fe cristiana.

Lo que presenta el profeta Isaías al pueblo de Israel es un mensaje de esperanza; un mensaje que aliente a los recién llegados del cautiverio babilónico. Cautiverio que aún no había sucedido pero que, en la visión que Dios le había dado a Isaías, a Jeremías y a Ezequiel, el cautiverio era un hecho inminente. La historia bíblica cuenta que: "En aquel tiempo – tiempo del rey Joaquín en Judá -, las tropas de Nabucodonosor, rey de Babilonia, marcharon contra Jerusalén y la sitiaron. Cuando ya la tenían cercada, Nabucodonosor llegó a la ciudad. Joaquín, rey de Judá, se rindió, junto con su madre y sus funcionarios, generales y oficiales. Así que, en el año octavo de su reinado, el rey de Babilonia capturó a Joaquín".[320]

El profeta Jeremías pronostico la muerte del rey Joaquín en Babilonia pero anunció que un remanente volvería del cautiverio. El Señor le dijo a Jeremías: "Al resto de mis ovejas yo mismo las reuniré de todos los países adonde las expulsé; y las haré volver a sus pastos, donde crecerán y se multiplicarán. Pondré sobre ellas pastores que las pastorearán, y ya no temerán ni se espantarán, ni faltará ninguna de ellas —afirma el Señor-".[321] El profeta Ezequiel confirma el regreso del remanente del Pueblo de Dios. Sin titubeos, dijo: "Así dice el Señor omnipotente: 'Cuando yo reúna al pueblo de Israel de entre las naciones donde se encuentra disperso, le mostraré mi santidad en presencia de todas las naciones. Entonces Israel vivirá en su propio país, el

---

[320] 2 Reyes 24:10-12, (NVI).

[321] Jeremías 22:24-30; 23:3-4, (NVI).

mismo que le di a mi siervo Jacob. Allí vivirán seguros, y se construirán casas y plantarán viñedos,...".[322]Efectivamente, los israelitas estuvieron en el cautiverio babilónico setenta años tal y como el profeta Jeremías lo había profetizado, cuando dijo: "Todo este país quedará reducido a horror y desolación, y estas naciones servirán al rey de Babilonia durante setenta años. Pero, cuando se hayan cumplido los setenta años, yo castigaré por su iniquidad al rey de Babilonia y a aquella nación, país de los caldeos, y los convertiré en desolación perpetua —afirma el Señor"_.[323]

El libro de *Daniel* y las *Antigüedades de los judíos* de Flavio Josefo nos informan de la caída de Babilonia en el reinado de Belsasar, el nieto de Nabucodonosor. Daniel cuenta que el rey Belsasar estaba bebiendo vino con mil príncipes; era un gran banquete. Josefo agrega que estaba con sus concubinas. Belsasar se había olvidado de todos los acontecimientos entre el Dios de los hebreos y su abuelo Nabucodonosor y entonces "blasfemó contra la divinidad y se sirvió de los vasos sagrados en compañía de sus concubinas".[324] Al hacer esta violación divina llegó el juicio para Babilonia con un escrito en una de las paredes del palacio en donde Belsasar estaba embriagándose. Una misteriosa mano escribió: "MENE, MENE, TEKEL, UPARSIN".[325] Cuando Daniel fue traído ante la presencia del rey para que le dijera el significado de tan misteriosa escritura, Daniel la interpretó delante de ellos. Josefo dice que: "*Mane...*

---

[322]   Ezequiel 28:25-26, (NVI).

[323]   Jeremías 25:11-12, (NVI).

[324]   Flavio Josefo. *Antigüedades de los judíos: Tomo II*. (Terrassa (Barcelona), España. Editorial CLIE. 2004), 210. Los "vasos sagrados" son los que Nabucodonosor sacó del templo de Jerusalén y los llevó a Babilonia.

[325]   Daniel 5:24, (RV60).

esta palabra que en griego se traduciría por *arizmós*, número, indica que Dios ha numerado el tiempo de tu vida y de tu reino, ya te queda muy poco. *Tekel*, que significa *starmos*, peso: Dios, después de pesar tu reino, te advierte que está a punto de caer. *Fares*, en griego significa *klasma*, fragmento: Dios romperá tu reino y lo dividirá entre los medos y los persas".[326] Daniel, con menos palabras aunque no menos poderosas, le dijo a Belsasar: "Pues bien, esto es lo que significan esas palabras: Mene: Dios ha contado los días del reino de Su Majestad, y les ha puesto un límite. Téquel: Su Majestad ha sido puesto en la balanza, y no pesa lo que debería pesar. Parsin: El reino de Su Majestad se ha dividido, y ha sido entregado a medos y persas".[327]

En cumplimiento de esta profecía, aparece en la historia Ciro el persa y entonces, "El año 538 a. C., el rey persa Ciro el Grande conquistó Babilonia y destruyó su imperio, autorizando en 537 a. C. a los hebreos a regresar a la tierra de Israel. Le dio a Jerusalén un estatuto semiautónomo".[328] De este regreso es el que está profetizando Isaías: Esta es la esperanza que les dice a sus compatriotas. ¡Un día volverán! "Entonces verán las gentes – la justicia de Dios -, y todos los reyes tu gloria; y te será puesto un nombre nuevo, que la boca de Jehová nombrará".[329]

Nota que el profeta Isaías dice que el remanente que regresa del cautiverio babilónico tendrá "un nombre nuevo". ¿Cuál

---

[326]   Flavio Josefo. Antigüedades de los judíos: Tomo II. (Terrassa (Barcelona), España. Editorial CLIE. 2004), 210-211.

[327]   Daniel 5:26-28, (NVI).

[328]   Wikipedia: La Enciclopedia libre. *Cautiverio babilónico.* (La Habra, California. Internet. Consultado el 29 de agosto de 2018),? https://es.wikipedia.org/wiki/Cautiverio_de_Babilonia

[329]   Isaías 62:2, (RV60).

será ese nombre nuevo? ¿Judíos? ¿Israelitas? ¿Pueblo de Dios? ¿Será el de cristianos? Cuando leemos el Nuevo Testamento notamos que Dios estaba apoyando a sus obreros; Dios estaba cumpliendo lo que les había anunciado antes de ascender a los cielos. Él les dijo a sus discípulos que estaría con ellos todos los días hasta el fin del mundo y lo cumplió en todo el relato del Nuevo Testamento. Con esa ayuda y presencia, la Biblia nos dice que, mientras los seguidores de Jesucristo estaban ministrando las enseñanzas de Jesús en Antioquia de Siria, se le llamó cristianos por primera vez.[330]

Claro que, compañero de viaje, el remanente del que habla el profeta Isaías, cuando ya estaban establecidos en Su ciudad, esperaban con ansias la venida del Mesías, pero cuando este llegó, no lo aceptaron. "A los suyos vino pero los suyos no lo recibieron, pero a todos los que lo recibieron les dio potestad de ser hecho hijos de Dios",[331] dice el apóstol Juan. Me pregunto, ¿por qué tal rechazo cuando las profecías no solo de Isaías sino de los otros profetas es tan clara? Ninguno de ellos, aunque no lo entendieron al cien por ciento lo que profetizaban, ¡nunca lo dudaron!

Mi profesor de Antiguo Testamento en el Seminario Fuller tiene mucha razón al decir: "Aunque los profetas tienen la visión que proviene de Dios, el pueblo no comprende estas revelaciones; el señor lo que desea es la implantación de la justicia, no ayunos y sacrificios vacíos y estériles (Is. 58:1-12); reclama fidelidad al pacto, no acciones pecaminosas que llevan a la violencia (Is. 59:1-21); y demanda arrepentimiento y humildad, no arrogancia

---

[330] Mateo 28:16-19; Hechos 11:26.

[331] Juan 1:12, (RV, 60).

y prepotencia (Is. 63,1- 64, 12)".[332] Si el pueblo del tiempo de Jesucristo hubiese comprendido lo que era la justicia, la fidelidad al pacto y el arrepentimiento que nace de una sincera humildad, ¡nunca y nadie hubiera rechazado al Mesías de Dios!

Los que lo aceptaron, aquellos "que lo recibieron – no solamente - les dio potestad de ser hecho hijos de Dios", sino que también les ayudó en el ministerio de la propagación del Evangelio de Jesucristo. ¿Por qué lo hizo? Porque El mismo había iniciado esa tarea y Él estaba apoyando a sus obreros.

II.- PORQUE EL MISMO SEGUIRÍA SALVANDO POR MEDIO DEL MENSAJE

Que Anunciarían Sus Siervos.

Notemos estas palabras de alerta: *"Decid a la hija de Sion: 'He aquí. . . viene'"*.[333] Días antes del 17 de Julio del 2011 los noticieros en la radio, el periódico y la televisión, anunciaron que habría un *"Apocalipsis Vial"*, así le llamaron en la TV en la cadena de UNIVISION al posible tráfico que se suscitaría porque un puente del Freeway 405 en los Ángeles, California iba a ser derribado para ampliar la vía automovilística. Cada uno de los noticieros ya mencionados se tomó un buen tiempo para explicar el por qué se cerraba dicha vía de comunicación, que, por cierto, es una de las arterias viales más transitadas en el sur de California.

Mucha gente hizo caso del aviso. El sábado 16 de julio el Freewey 405, descansó del tráfico en diez kilómetros de

---

[332]   Samuel Pagan. *Introducción a la Biblia Hebrea*. (Vidadecavalls (Barcelona), España. Editorial CLIE. 2012), 356.

[333]   Isaías 62:11, (RV60).

su extensión. La tranquilidad vial era notoria en esa zona de la demolición a tal grado que para el día domingo 17 de Julio, se le había cambiado el nombre: de "Apocalipsis Vial" a "Carmacielo". Sin embargo, la noticia de calma se cambiaba por un pronóstico de tráfico. El periodista Isaías Alvarado anuncio que: "El 'Carmacielo', como – se le llamó - a la extraña tranquilidad observada en las carreteras de Los Ángeles desde el viernes por la noche, cuando fue cerrada la autopista 405 por los trabajos de demolición del puente Mulholland, podría desaparecer este domingo de paseos familiares o mañana lunes de reincorporación al trabajo, alertaron las autoridades." [334]

"Apocalipsis" o "Carmacielo", ¡la gente hizo caso! No transitaron por la autopista hasta que el día lunes fue reabierto al tráfico. Fueron solamente unas horas las que los noticieros se tomaron para prevenir a la gente de una posible tragedia; bomberos, policías, agentes de tránsito y hasta el Alcalde de Los Ángeles, Villaraigosa, se prepararon y estuvieron alertas a la demolición y a la posible ayuda a la comunidad en un posible aumento de tráfico.

¿Sabes qué, compañero de viaje? Como ya sabemos, unos setecientos años ante de que Jesucristo naciera en Belén de Judea ya el profeta Isaías había dicho que llegaría a esta tierra: "*He aquí tu rey viene*", fueron sus palabras. La Versión Reina Valera dice: "He aquí viene tu Salvador; he aquí su recompensa con él, y delante de él su obra".[335] ¡Y ciertamente llegó! Pero, ¿quién lo esperaba? Cuando Jesús nació en Belén de Judea sí que había

[334] Isaías Alvarado. Periódico: La Opinión. Artículo: *Ahora le dicen el 'Carmacielo'*. (Los Ángeles, California. Domingo 17 de Julio de 2011. Año 85. Número 305), 1. www.laopinion.com

[335] Isaías 62:11, (RV60).

un "Carmacielo" espiritual. Por lo que sabemos del evangelista Lucas, un solo anciano de Israel espera ese nacimiento: el anciano Simeón. Era un hombre "justo y piadoso, esperaba la consolación de Israel" y se le había revelado que no moriría hasta que viera al "Ungido del Señor".[336] Los pastores de Belén no lo esperaban; los habitante de Belén no lo esperaban; José no lo esperaba; María no lo esperaba; la pareja de ancianos Elizabeth y Zacarías, al parecer, no lo esperaban aunque la profecía de Zacarías en cuanto al ministerio de Juan el Bautista da a entender que esperaban un poderoso Salvador.[337] Ni siquiera los sacerdotes judíos lo esperaban aunque tenían la idea de donde nacería. Por las Escrituras sabían que nacería en Belén pero no muestran un interés en su nacimiento; es decir, ¡no lo esperaban![338]

La Biblia dice que en medio de ese "carmacielo" espiritual, Simeón era uno de los pocos que esperaban la llegada del Mesías de Dios. El relato bíblico dice que: "En ese tiempo – cuando nació Jesús -, había en Jerusalén un hombre llamado Simeón. Era justo y devoto, y esperaba con anhelo que llegara el Mesías y rescatara a Israel. El Espíritu Santo estaba sobre él y le había revelado que no moriría sin antes ver al Mesías del Señor. Ese día, el Espíritu lo guio al templo. De manera que, cuando María y José llegaron para presentar al bebé Jesús ante el Señor como exigía la ley, Simeón estaba allí. Tomó al niño en sus brazos y alabó a Dios diciendo: 'Señor Soberano, permite ahora que tu siervo muera en paz, como prometiste. He visto tu salvación, la que preparaste para toda la gente. Él es una luz para revelar

---

[336] Lucas 2:22-35.

[337] Lucas 1:67-79

[338] Mateo 2:3-6.

a Dios a las naciones, ¡y es la gloria de tu pueblo Israel!'."[339]
¡Uno entre muy pocos que esperaban al Mesías de Dios! En la
misericordia de Dios, Jesucristo, después de su bautismo hecho
por Juan el Bautista, se dedicó a predicar en "todas las ciudades
y aldeas, enseñando en las sinagogas de ellos, y predicando el
evangelio del reino, y sanando toda enfermedad y dolencia
del pueblo".[340] De entre los que escucharon el mensaje del
Señor, Jesucristo, escogió a doce para que estuvieran con él
todo el tiempo. Así que, de acuerdo a Mateo 10:1-4, "comienza
una nueva etapa en el ministerio de Jesús. El llama a los doce
apóstoles y les da autoridad para expulsar demonios y curar a
los enfermos".[341]

Aunque fue rechazado por la mayoría de su gente, Jesús,
siguió enseñando y apoyando a los que creían en su mensaje.
El ministerio de Jesucristo se agrandó; la misión de Dios para
el mundo se implantó con Jesucristo y se ensanchó con el
trabajo eclesial y misional de los Doce y del resto que creyeron
al mensaje salvífico de Jesucristo. ¿Por qué se engrandeció este
ministerio? Porque El mismo seguiría salvando por medio del
mensaje que anunciarían sus siervos. Esto fue lo que profetizo
Isaías y en los tiempos del Nuevo Testamento se cumplió. No
hay más escatología en este texto que he citado de Isaías 62:11.
La venida del Mesías profetizada por Isaías llegó en tiempos del
Nuevo Testamento; es decir, en los inicios del Primer siglo de
la Era Cristiana, y llegó para establecer su reino. Jesucristo les

---

[339]   Lucas 2:25-33, (NTV).

[340]   Mateo 9:35

[341]   Nota de pie de página en la Biblia de Estudio Esquematizada. Reina
Valera 1960), 1398.

dijo a sus discípulos que cuando oraran dijeran: "Venga tu reino. Hágase tu voluntad, como en el cielo así también en la tierra".[342]

III.- PORQUE EL MISMO ESTABA OFRECIENDO POR MEDIO DE SUS SIERVOS UN REGALO IRRESISTIBLE.

Compañero, te invito una vez más a que meditemos en Isaías 62:11; ya lo hemos hecho, sin embargo, volvamos a leer esta porción bíblica y luego veamos, otra vez, su cumplimiento y los beneficios de esta profecía. Isaías, dijo:

"He aquí lo que el Señor ha proclamado hasta los
confines de la tierra:

'Digan a la hija de Sión: ¡Ahí viene tu Salvador!
Trae su premio consigo; su recompensa lo
acompaña'". Isaías 62:11, (NVI).

Compañero, nota que dice: *"Trae tu premio"*. La Versión Reina Valera dice: *"su recompensa"*. La Biblia de las Américas dice: *"He aquí su galardón"*. *"Premio"*, *"recompensa"* y *"galardón"* se refieren a la misma acción misericordiosa del Señor; su gracia es tan inmensa que alcanza a todas luces para que todos los que aceptemos sus profecías o sus palabras como hechos verídicos y razonables seamos bendecidos con sus premios. ¿Lo merecemos? ¡Claro que no! Es la multiforme gracia divina la que reparte Sus bendiciones por medio de sus siervos como un regalo irresistible.

La Biblia de las Américas dice: "Según cada uno ha recibido un don especial, úselo sirviéndoos los unos a los otros como

---

[342] Mateo 6:10, (RV60).

buenos administradores de la **multiforme** gracia de Dios".[343] (*El bold e itálicas son mías*). Este es un regalo de Dios, es parte de su galardón; ¡Es su recompensa! Es un don especial que el Señor da a cada uno de los suyos para ser usado en beneficio de los otros.

La pregunta sale sobrando, pero de todos modos, te la hago. ¿Por qué tengo que usar mi don, mi regalo de parte de Dios para servir a otros? Por el contexto de esta expresión petrina, sabemos que Pedro estaba pensando en la Segunda venida de Jesucristo. Ahora bien, Pedro, no usa esta expresión o este *"galardón"* de Dios como una cosa tan valiosa que tiene que ser guardada bajo llave; no la presenta para que se aparte del mundo, sino que, la usa como una exhortación o mandamiento de que la persona que ha recibido este *"premio"* lo use en el mundo. Pedro entiende que cuando Jesucristo regrese por Segunda vez, quiere encontrar a la persona galardonada feliz, no porque esté viviendo como un ermitaño sino como uno que está sumergido en las actividades sociales y espirituales.[344] ¿Por qué? Porque El mismo que está ofreciendo por medio de sus siervos un regalo irresistible, también desea que seamos felices usando su *"galardón"* para el beneficio de otros.

Compañero, ¿cuál crees que sea el mayor *"premio"* que el Señor Jesucristo puede dar? No sé cuál estés pensando, pero para mí, es la Vida Eterna. En cierta ocasión, Jesucristo, dijo: "Y yo les doy vida eterna y no perecerán jamás".[345] ¡Esta es una gran promesa! ¡Es un Gran Galardón! Y lo es porque todo lo que podamos tener en esta vida, se queda aquí, así sea de mucho

---

[343]   I Pedro 4:10, (LBLA).

[344]   William Barclay. *Comentario al Nuevo Testamento: Santiago y Pedro: Volumen 14.* (Terrassa (Barcelona), España. Editorial CLIE.1994), 293.

345   Juan 10:28, (RV60).

valor y de honorabilidad. "Pocos saben que el ataúd – de Billy Graham - fue creado por prisioneros. Criminales endurecidos en Louisiana construyeron el ataúd a un costo de menos de $ 200. Clavaron una cruz de madera hecha a mano en la parte superior y la familia Graham pensó que era un recipiente perfecto para su padre. ... El ataúd fue elegido por el hijo de Billy Graham, Franklin. Franklin encargó a los prisioneros que construyeran el cofre y dijo: 'Billy Graham es un hombre simple que predicó un mensaje simple. Él debe ser enterrado en un ataúd simple'."[346] Fue un ataúd de honorabilidad.

Para el culto de recordatorio de Aretha Franklin, el viernes 31 de agosto de 2018, llegaron a la Iglesia *Greater Grace Temple* que tiene un espacio para 4,000 sillas en Detroit, Michigan, alrededor de 100 Cadillac de color rosa acompañando el cadáver de Franklin. La fotografía tomada el 29 de Agosto de 2018 del ataúd de Aretha Franklin en el Museo de la Historia del Pueblo Africano: Charles H. Wright en Detroit, muestra el oro con el que fue hecho. ¡Oro de 14 quilates! La periodista de CNN, Lisa Respers France, dijo que el funeral de Aretha se vistió de oro.[347] Este fue un funeral y un ataúd para la historia.

¡Todo lo que podamos tener en esta vida, se queda aquí, así sea de mucho valor y de honorabilidad! Pero el *"Premio"* de la Vida Eterna, es precisamente eso: ¡Eterna! Es una vida de aquí y hasta la eternidad.

---

[346] Joe Irizarry. *El Ataúd De Billy Graham Tiene Una Historia Hermosa Y Humilde*. Marzo 2, 2018. (La Habra, California. Internet. Consultado el 31 de agosto de 2018), 2.

[347] CNN's Lisa Respers France. *Aretha Franklin's farewell and funeral*. (La Habra, California. Programa Televisivo el viernes 31 de agosto de 2018).

No me cabe la menor duda de que cuando el profeta Isaías está hablando de la venida del Salvador a Jerusalén, se cumplió en la historia del Nuevo Testamento pero que, entre la llegada a Belén de Judea y la Segunda venida de al cual no tenemos una fecha, Jesucristo; el Salvador anunciado en Isaías 62:11, está premiando a los que aceptamos sus consejos como auténticos y sus galardones usados para el beneficio personal y de otros.

IV.- PORQUE EL MISMO PROMETE HACER, DESDE LOS CONFINES DE LA TIERRA, UN PUEBLO SANTO.

Compañero, en este cuarto punto, quiero que notemos esta expresión: "Y los llamarán: Pueblo Santo, redimidos del Señor".[348] ¿Cómo los llamarán? De dos maneras: "Pueblo santo" y "Redimidos del Señor". Bueno, anteriormente te preguntaba por el nombre que usarían o llevarían o les pondrían a los que regresarían del cautiverio babilónico, pues, ¡aquí está la respuesta! "Pueblo santo". "Pueblo redimido por el Señor". Dios, el Señor, se había comprometido desde mucho antes del cautiverio babilónico redimir a su pueblo y hacerlo un pueblo santo.

El término "Pueblo santo" hace referencia a un pueblo apartado. "El uso bíblico del término 'santo' tiene que ver principalmente con que Dios separa del mundo lo que El elige consagrar para sí".[349] En este caso, con la profecía de Isaías separó y eligió a Israel para consagrarlo como su pueblo. Creo

---

[348] Isaías 62:12, (RV60).

[349] Leticia Calcada. Edición General. Diccionario Bíblico Ilustrado Holman. *Santo*. (Nashville, Tennessee. Editorial B&H Publishing Group. 2008), 1452

esta es una de las razones por las cuales debemos de bendecir a Israel; es una de las recomendaciones por las cuales debemos de cumplir con la bendición que Dios le dio a Abraham, cuando le dijo: "Bendeciré a los que te bendijeren, y a los que te maldijeren maldeciré; y serán benditas en ti todas las familias de la tierra".[350] Esto es que, no solamente debemos, como cristianos o no cristianos, de reconocer que el pueblo de Israel es un pueblo santo por el hecho de que Dios así lo dispuso, sino que, también debemos de bendecirlo.

La expresión: *"Pueblo redimido por el Señor"* hace referencia a una nación que ha sido rescatada de la esclavitud de Babilonia. Los términos "redimir", "redención" y "redentor", hacen alusión a "Pagar un precio para asegurar la liberación de algo o alguien".[351] No recuerdo haber leído o escuchado de algún pago que Dios hizo a los babilonios como rescate o redención de Israel, solamente sé que los profetas aseguraron pagarle con creces a esa nación por el trato – oh, maltrato -, dado a los judíos cautivos. Sin embardo, "A medida que el plan redentor divino se iba develando en el AT, lo 'santo' comenzó a ser asociado con el carácter separado por Dios en cumplimiento de la ley revelada".[352] En el Nuevo Testamento continúa este plan divino. Pablo así lo entendió, por eso les dijo a los hermanos de Éfeso:

"... según nos escogió en él antes de la fundación del mundo, para que fuésemos santos y sin mancha delante de él, en amor

---

[350]   Genesis 12:3, (NVI).

[351]   Leticia Calcada. Edición General. Diccionario Bíblico Ilustrado Holman. *Redimir, Redención, Redentor.* (Nashville, Tennessee. Editorial B&H Publishing Group. 2008), 1349.

[352]   Leticia Calcada. Edición General. Diccionario Bíblico Ilustrado Holman. *Santo.* (Nashville, Tennessee. Editorial B&H Publishing Group. 2008), 1452.

habiéndonos predestinado para ser adoptados hijos suyos por medio
de Jesucristo, según el puro afecto de su voluntad, para alabanza de
la gloria de su gracia, con la cual nos hizo aceptos en el Amado, en
quien tenemos redención por su sangre, el perdón de pecados según
las riquezas de su gracia". Efesios 1:4-7, (RV60).

¿Somos los cristianos su pueblo santo? ¡Por supuesto que sí!
El apóstol Pedro no lo dudó; lo afirmo categóricamente al decir:
"Pero vosotros sois linaje escogido, real sacerdocio, nación santa,
pueblo adquirido para posesión de Dios".[353] (I Pedro 2:9). El
contexto geográfico de I Pedro nos muestra que: "La Primera
Epístola de Pedro fue escrita para los cristianos que Vivian en
cinco provincias romanas situadas en una región que hoy día es
parte de Turquía".[354] Así que, los escogidos "en él – en Cristo -
antes de la fundación del mundo" somos nosotros, los cristianos.

Ahora bien, como cristianos debemos de tomar nota de
que, somos el pueblo santo de Dios, de que somos los redimidos
por Jesucristo pero, compañero, te pregunto, ¿para qué somos
santos y redimidos? ¿Para ser un pueblo diferente? ¡Sí! Pero,
¿en qué se debe de manifestar la diferencia? En que somos
apartados y salvador para llevar al mundo las Buenas Noticias
que a nosotros nos han hecho santos y redimidos. Somos un
pueblo que debe de anunciar que en Jesucristo hay un perdón
de pecados a tal grado que uno queda santo ante Dios; es decir,
limpio de todo pecado y, al mismo tiempo somos un pueblo
que ha sido redimido por el poder salvífico de Jesucristo de tal

---

[353]   I Pedro 2:9, (RV60).

[354]   Comentario en las notas de la *Introducción* a la Biblia de Estudio
Esquematizada. Reina Valera 1960. (Brasil. Sociedades Bíblicas Unidas.
2005), 1856.

manera que, para nosotros, la Vida Eterna es hoy y para siempre una esperanza y realidad futura.

Así que, dondequiera que te encuentres, ¡hasta allí ha llegado o llegará el poder del mensaje del Evangelio para salvarle! De tal manera pues que, no tienes ninguna excusa para que tú también seas uno de los rescatados de los confines de la tierra. ¡Ojala, pues, que, tú, compañero o lector de este libro, también tú seas uno más de los miembros del Pueblo Santo! ¡Ojala, que tú también recibas tu galardón! ¿Por qué expreso este deseo para ti? **Porque el mensaje de Isaías se ha hecho realidad en la persona de Jesucristo.**

Termino esta charla con la poesía del salmista David en la que proclamó que por toda la tierra salió la voz del Señor. David, de una manera profética vio la expansión del Evangelio a nivel mundial y cósmico. Anticipó lo que el profeta Isaías profetizo tiempo después, cuando dijo: "He aquí, el SEÑOR ha proclamado hasta los confines de la tierra: Decid a la hija de Sion: 'He aquí tu salvación viene; he aquí, su galardón está con Él, y delante de Él su recompensa".[355] El salmista David lo dijo con estas palabras poéticas:

Los cielos proclaman la gloria de Dios, y la expansión anuncia la obra de sus manos. Un día transmite el mensaje al otro día, y una noche a la otra noche revela sabiduría. No hay mensaje, no hay palabras; no se oye su voz. Más por toda la tierra salió su voz, y hasta los confines del mundo sus palabras. En ellos puso una tienda para el sol, y éste, como un esposo que sale de

---

355 Isaías 62:10-11, (NVI).

*su alcoba, se regocija cual hombre fuerte al correr su
carrera. De un extremo de los cielos es su salida, y su
curso hasta el otro extremo de ellos; y nada hay que se
esconda de su calor.*

Salmo 19:1-6.

El Otro Lado De La Moneda

¿Quién es éste que viene de Edom, de Bosra con vestiduras de colores brillantes; éste, majestuoso en su ropaje, que marcha en la plenitud de su fuerza? Soy yo que hablo en justicia, poderoso para salvar. ¿Por qué es rojo tu ropaje, y tus vestiduras como las del que pisa en el lagar? El lagar lo he pisado yo solo; de los pueblos, ningún hombre estaba conmigo. Los pisé en mi ira y los hollé en mi furor; su sangre salpicó mis vestiduras y manché todo mi ropaje. Porque el día de mi venganza estaba en mi corazón, y el año de mi redención había llegado. Miré y no había quien ayudara, me asombré de que no hubiera quien apoyara; entonces me salvó mi brazo, y fue mi furor el que me sostuvo. Pisoteé los pueblos en mi ira, los embriagué en mi furor y derramé su sangre por tierra. Mira desde el cielo, y ve desde su santa y gloriosa morada; ¿dónde está tu celo y tu poder? La conmoción de tus entrañas y tu compasión para conmigo se han restringido. Porque tú eres nuestro Padre, aunque Abraham no nos conoce, ni nos reconoce Israel.

Tú, oh Señor, eres nuestro Padre, desde la antigüedad
tu nombre es Nuestro Redentor.

Isaías 63:1-6; 15-16.

¡HAY CARAMBAS! NO deja de asombrarme el profeta Isaías. Y casi estoy seguro que a ti también, ¿verdad? Mi estimado compañero de viaje. Compañero, ¿te fijaste como reaccionó el profeta Isaías al ver que algunos de los varones judíos que escuchaban el mensaje de la futura salvación que saldría desde sus mismos terrenos se burlaron? ¿Te fijaste como reaccionó contra aquellos que ignoraban sus palabras y contra aquellos que se quedaron pasmados; los que no sabían que decir o que pensar?

De inmediato, el profeta cambió de lugar, tono y de mensaje. Ahora le seguimos hasta la ciudad de David y allí, parado sobre las gradas de la entrada Sur y viendo hacia el Sureste, como si viera al Invisible llegar victorioso desde Edom, con sus brazos extendidos hacia el desierto, su tono y su mensaje es uno que muchos años después el apóstol Juan confirmara, diciendo: *"A los suyo vino, y los suyos (*los judíos*) no le recibieron. Pero a todos los (*judíos y no judíos*) que le recibieron, les dio el derecho de llegar a ser hijos de Dios, es decir, a los que creen en su nombre".*[356]

Ahora bien, dejemos por un momento a Jerusalén y viajemos a nuestro tiempo; a nuestra situación espiritual. Y, en lo que concierne al mundo espiritual, en Romanos 6:23, vemos los dos lados de la moneda que el profeta ha presentado en sus Capítulos 62 y 63, y que aun en este mismo Capítulo 63 lo remarca; habla de un juicio severo pero al mismo tiempo de un Redentor. Eso es precisamente lo que en la carta de Pablo

---

[356]   Juan 1:11-12, (RV60).

a los Romanos encontramos. Por un lado vemos que *"la paga del pecado es muerte"* ~ mientras que por el otro notamos que ~, *"la dádiva de Dios es vida eterna en Cristo Jesús Señor nuestro."* Isaías 63 presenta, pues, por un lado de la moneda el terrible castigo o juicio de Dios conocido, por algunos, como: "El día de la venganza divina", pero por el otro lado, una esperanza salvífica. Es decir que: "Con este poema, el entorno psicológico del texto bíblico cambia de forma radical, dramática y abrupta, pues de los temas de la consolación y la esperanza se pasa al juicio divino y a la ira del Señor".357 Él, el mismo Señor dijo: "¡Ya tengo planeado el día de la venganza!" Oh sea que la cosa va en serio. Por eso, te digo, compañero que aquí está el otro lado de la moneda; la consolación y la esperanza se quedaron en el "otro lado", la justicia, el juicio y la ira del Señor son lo que se puede ver en este lado de la moneda.

Pero, ¿acaso el Dios de la Biblia es un Dios vengativo? ¡Nooo! ¡Claro está que el Dios de Isaías no es un Dios vengativo! ¿Entonces qué es lo que está diciendo en estos primeros seis versículos de su Capítulo 63? Está diciendo que su Dios es un Dios de justicia no de venganza. *"Porque yo hablo en justicia".* *"Yo decidí* ~ dice Dios ~ *que un día tendría que hacer justicia; había llegado el tiempo de libertar a mi pueblo".358*

Así que por un lado de la moneda tenemos un juicio divino. Un juicio en el cual, desafortunadamente, muchos serán juzgados y condenados por el Tribunal Supremo: *"Muchos me dirán en aquel día: 'Señor, Señor, ¿no profetizamos en tu nombre, y en tu nombre echamos fuera demonios, y en tu nombre hicimos muchos*

357   Samuel Pagán. *Isaías. Serie "Conozca su Biblia".* (Minneapolis, MN. Augsburg Fortress. 2007), 205.

358   Isaías. 63:4, (Versión Popular, 1983).

milagros?' Y entonces les declararé: `Jamás os conocí; APARTAOS DE MI, LOS QUE PRACTICAIS LA INIQUIDAD'."[359] Compañero, nota que el juicio de Dios es para todo mundo pero, la sentencia de condenación es para *"los que practican la iniquidad"*. De esa manera Dios sigue siendo el Justo y no un Dios vengativo, pues: *"Sabemos que el juicio de Dios justamente cae sobre los que practican tales cosas"*.[360] Ciertamente habrá un juicio. Será un juicio en el que todo mundo se presentará. Así fue también la enseñanza del apóstol Juan, cuando dijo: *"Y vi volar en medio del cielo a otro ángel que tenía un evangelio eterno para anunciarlo a los que moraban en la tierra, y a toda nación, tribu, lengua y pueblo, diciendo a gran voz: Temed a Dios y dadle gloria, porque la hora de su juicio ha llegado; adorad al que hizo el cielo y la tierra, el mar y las fuentes de las aguas"*.[361]

Ahora bien, el otro lado de la moneda o de este juicio es que, entre esos muchos estarán los fieles de Dios los cuales recibirán como justo pago de su *"fe en medio de todas las persecuciones y aflicciones que soportan. Esta es una señal evidente del justo juicio de Dios, para que seáis considerados dignos del reino de Dios, por el cual en verdad estáis sufriendo"*[362] Y seguirían sufriendo hasta aquel día *"cuando el Hijo del Hombre venga en su gloria, y todos los ángeles con El, entonces se sentará en su trono de su gloria; y serán reunidas delante de Él todas las naciones; y separará a unos de otros, como el pastor separa las ovejas de los cabritos. ~ Entonces* allí, a los fieles; a los que El llama ovejas, sí, allí, en el justo juicio de Dios: *el Rey dirá a los de su derecha: `Venid, benditos de mi*

---

359   Mateo 7:22-23, (RV60).

360   Romanos 2:2, (RV60).

361   Apocalipsis 14:6-7, (RV60).

362   2 Tesalonicenses 1:4-5, (RV60).

Padre, heredad el reino preparado para vosotros desde la fundación del mundo' ".[363] ¡Este es el lado bueno de la moneda!

Y no es que estemos echando "volados", para ver de cual lado cae la moneda, pero, si me gustaría preguntarte antes de terminar con esta charla, a ti mi amigo lector: ¿De cuál lado de la "moneda" estás? Ya te diste cuenta que el profeta Isaías presenta, primeramente el LADO DE REPROBACIÓN; de condenación; de muerte eterna. Porque no cabe la menor duda de que *"la paga del pecado es muerte"*. Además, el escritor a los Hebreos ha comentado una terrible sentencia en pocas palabras al decir: *"¡Horrenda cosa es caer en las manos del Dios vivo!"*.[364]

Y en segundo lugar, también el profeta Isaías presenta el LADO DE APROBACIÓN; de Vida Eterna. ¡De salvación! Presenta ese lado glorioso del justo juicio de Dios. Ese lado, en el que a los hijos de Dios, a los que Él ha y está comprando con su sangre derramada allá en el Calvario, les dará la bienvenida y ordenará a los ángeles que los lleven hasta las mismas Moradas Celestiales. ¡Ese es el lado positivo! ¡Ese es el lado de aprobación! ¿Que cómo puedes tú estar en el lado positivo; el de aprobación? Solamente practica las siguientes tres cosas que te presento en este escrito.

Tres cosas muy importantes para obtener la vida eterna.

I.- CLAMAR.

---

[363]   Mateo 25:31-34, (RV60).
[364]   Hebreos 10:31, (RV60).

Clamar es "Pedir algo de manera vehemente".[365] Es algo que sale por medio de tu boca desde lo más profundo de tu ser, es la agonía que sale de tu alma atribulada. En ese estado psicológico o emocional dile a Dios que mire desde el cielo y desde su santa y gloriosa morada tu situación. El profeta Isaías, en su plegaria pidiendo misericordia y ayuda, dijo: "Mira desde los cielos, y ve desde tu santo y lujoso aposento: ¿Dónde están tu preocupación y tu poder? ¿Por qué ya no se conmueven tus entrañas? Ah, no sigas sin sentir pena por nosotros, pues tú eres nuestro Padre".[366]

Compañero, te invito a que pensemos en esta expresión: "… *pues tú eres nuestro Padre*". El vienes 31 de agosto de 2018, vi un programa televisivo en donde un padre violó sexualmente a su hija, la cual estaba enferma con problemas mentales y abandona a su hijo mayor en la cárcel. Durante los cuatro años que estuvo en la cárcel, nunca lo visitó.[367] A un padre como este, ¡nunca hay que clamar! Pero al que presenta el profeta Isaías, a él sí hay que clamar por ayuda porque de seguro la tendremos. Compañero, clama por la Vida Eterna si es que aun la necesitas.

II.- HUMÍLLATE.

Ahora, este segundo paso no es tan fácil de llevarlo a cabo, por razones egocéntricas que todos tenemos en uno o menor grado, no estamos dispuestos a humillarnos. Sin embargo, este es un acto indispensable para obtener la Vida Eterna. Seguramente que me dirás: ¿Y quién soy yo para que Dios me escuche? ¡Ajá!

---

[365] Diccionario. *Clamar*. (La Habra, California. Internet. Consultado el 4 de septiembre de 2018), 1. https://es.thefreedictionary.com/clamar

[366] Isaías, 63: 15-16ª, (Biblia Católica Online).

[367] Dra. Ana María Polo. *Caso Cerrado*. (La Habra, California. Canal 29, 2:00 pm. Viernes 31 de agosto de 2018).

¿Y quién soy yo para que el Señor escuche mis clamores y mis oraciones? Ante el mundo, ¡no soy nadie! Ante mi familia de sangre, ¡soy un fanático pobretón! Y sin embargo, El Señor me ha dado, en su maravillosa gracia, la Vida Eterna.

Es más, compañero, lee lo que dijo el profeta Isaías en su plegaria pidiendo misericordia y ayuda: "Aunque Abraham nos ignore e Israel no nos reconozca, tú, Jehová, eres nuestro padre. Redentor nuestro es tu nombre desde la eternidad".[368]

¿Te das cuenta? Para Dios somos de mucho valor, pues somos parte de su creación y por lo tanto, él no va desechar nada de lo que ha creado. Hoy tienes la oportunidad de decirle a Dios que tú quieres que Él sea tu Padre aunque nadie más te reconozca; aunque nadie más este enterado de que tú existes en este globo terráqueo. A Dios le interesa que tú seas salvo, que tengas la Vida Eterna. Todo lo que tienes que hacer es humillarte ante Dios. Aunque ya tengo la Vida Eterna, de vez en cuando doble mis rodillas en humillación ante el Señor y clamo por lo que me está molestando ya sea de una manera física, como una enfermedad, de una manera social como lo económico, o de una manera espiritual como cuando Satanás me quiere apartar del Ministerio del Señor Jesucristo. ¡Y Dios me da la respuesta!

III.- RECONOCE.

Reconocer es un acto de valientes y de personas sensatas. El insensato y cobarde busca la manera de justificar sus temores, busca como ocultar sus angustias y sus dolores. Reconocer es publicar que nos equivocamos. El proverbista dice que: "La

---

[368] Isaías 63:16, (RV1995).

sabiduría del prudente está en entender su camino, más la necedad de los necios es engaño".[369]

Ahora, compañero, escucha estas palabras con atención: "El temor al hombre es un lazo, pero el que confía en el SEÑOR estará seguro".[370] ¿Te das cuenta? Reconocer que necesitamos la Vida Eterna provee una confianza en el Señor; da una sensación espiritual de estar seguros en este mundo y en el Más Allá. Por eso, compañero, ármate de valor y reconoce que necesitas la ayuda de Dios para resolver tu problema cualquiera que este sea, si es el de obtener la Vida Eterna, ¡Gloria a Dios! Si es el obtener otra clase de ayuda, pues, con un corazón sincero dile a Dios que Él es Señor y Salvador; que es tu Padre Creador y *que "desde la antigüedad su nombre es* tu *Redentor".*[371]

Compañero, ¿harás estas tres cosas ahora? Yo espero que sí, porque, ¿sabes qué? Hay otra cosa en cuanto al juicio de Dios, ¡no sabemos cuándo ni a qué hora sucederá! Solamente sabemos que un día será una realidad. Así que no esperes para mañana porque, quizás,. . . hoy mismo comience el juicio para ti.

---

[369]   Proverbios 14:8

[370]   Proverbios 29:25

[371]   Isaías 63:16b, (RV60).

Con Gran Estruendo

¿**T**E FIJASTE, MI estimado compañero, que el profeta no se movió de lugar? Al seguir predicando el mismo tema del Capítulo anterior, sigue allí parado en las gradas de la entrada Sur de la ciudad de David. Aunque ha estado hablando de la gran salvación por parte de Dios, de repente, le vemos cambiar su semblante; primero se pone muy triste porque sabe lo que le espera a su pueblo en los próximos años venideros, pero después su semblante se ilumina. Y no es necesariamente porque ha alzado su rostro al cielo y el sol de la mañana lo ilumina por completo al dejar caer su capucha hacia su espalda. No, no es por eso. Su rostro se ilumina porque sabe que a pesar de los días difíciles de esclavitud que su pueblo pasará, Dios escuchará la súplica de sus hijos cuando le pregunten: *"¿Te contendrás ante estas cosas, oh Señor? ¿Guardarás silencio y nos afligirás sin medida?"*[372]

Y creo que la razón de que el rostro de Isaías se iluminara es porque ya Dios le había revelado que un día llegaría hasta los lugares del cautiverio de sus hijos con gran estruendo. Sería un estruendo que acabaría con la esclavitud de sus amados hijos y

---

[372] Isaías 64:12, (VP).

la liberación llegaría de inmediato. Así, sus hijos podrían volver a sus antiguos hogares en completa paz y seguridad.

Isaías está anunciando un regreso feliz a la tierra prometida y a la ciudad del gran rey; a Jerusalén. Sus palabras son con mucha emoción. ¿Lo notas, compañero de viaje? Guardemos un poco de silencio y pongamos mucha atención a sus palabras:

> ¡Oh, sí rasgaras los cielos y descendieras,
> si los montes se estremecieran ante tu presencia
> (como el fuego enciende el matorral, como el fuego
> hace hervir el agua), para dar a conocer tu nombre a
> tus adversarios, para que ante tu presencia tiemblen
> las naciones!
>
> Mas ahora, oh Señor, tú eres nuestro Padre, nosotros
> el barro, y tú nuestro alfarero; obra de tus manos
> somos todos nosotros.
>
> Isaías 64:1-2; 8.

¿Escuchaste bien, compañero (a)? El profeta está suplicando que Dios se haga presente con gran estruendo; con un estruendo que haga estremecer hasta los montes. El profeta reclama o alude la presencia del Señor, el Señor "que es capaz de 'hacer hervir las aguas' (v.2);" porque el profeta sabe que "las naciones tiemblan ante él".[373] La esperanza del profeta es que esa presencia sea para liberar a su pueblo de la esclavitud.

¿Y sabes qué? ¡Dios sí lo puede hacer! Es más, ¡lo hizo! Liberó a su pueblo del poder de Babilonia y lo hizo con gran estruendo. Compañero, te recuerdo lo que ya te he mencionado

---

[373] Samuel Pagán. *Isaías: Serie: Conozca su Biblia*. (Minneapolis, MN. Augsburg Fortress. 207), 208.

en el tema titulado: *Hasta lo último de la tierra*, mientras comentaba sobre Isaías 62:10-12 y hacía referencia a Daniel y al historiador Flavio Josefo. Recuerdas, aquella noche en que Belsasar, rey de Babilonia, estaba borracho en la gran fiesta que había realizado en el palacio real, "En aquel momento apareció una mano de hombre que, a la luz de los candiles, comenzó a escribir con el dedo sobre la pared blanca de la sala",[374] y desde el rey hasta los siervos, un temor se apodero de ellos; el estruendo de emoción fue superlativo porque nadie podía entender su significado. Fue llamado Daniel, el cual le dijo al rey: "Yo le explicaré... a su Majestad lo que quieren decir las palabras... MENE, MENE, TEKEL, y PARSIN,[375] las cuales significan lo siguiente: MENE: Dios ha medido los días del reinado de su Majestad, y le ha señalado su fin. TEKEL: su Majestad ha sido pesado en la balanza, y pesa menos de lo debido. PARSIN: el reino de su Majestad ha sido dividido, y será entregado a medos y persas. .... Aquella misma noche mataron a Belsasar, rey de los caldeos, y Darío de Media se apoderó del reino".[376] Babilonia cayó con gran estruendo y el principio de la libertad de los judíos comenzó. Ciro, rey de los persas, quien conquistó Babilonia les concedió a los judíos la ansiada libertad.[377] ¡Los setenta años de cautiverio habían terminado! Y fue así que, el pueblo de Dios

---

[374] Daniel 5:5, (DHH).

[375] Estas tres palabras son de medidas de peso o monedas de la antigüedad: *mené*, "mina"; *tekel* (shekel), "siclo", *parsín*, plural de *peres*, "media mina". El autor relaciona al mismo tiempo las dos primeras palabras con los verbos *maná*, "medir" y *shakal*, "pesar"; y la tercera, tanto con el verbo *parás*, "dividir", como con el nombre de los *persas*. *Dios Habla Hoy: La Biblia con Deuterocanónicos: Versión Popular: Segunda Edición.* (Nueva York. Sociedad Bíblica Americana (ABC). 1979), 1087.

[376] Daniel 5:6-30, (DHH).

[377] 2 Crónicas 36:22-23.

salió de la esclavitud con gran estruendo que comenzó con la escritura de tres palabras por una mano de un desconocido para Belsasar y los príncipes que lo acompañaban en aquella fiesta.

Aparte del Senador John McCain y otros prisioneros de guerra, si alguien conoce lo que es ser un esclavo o prisionero de guerra y ser salvado con gran estruendo es el Comandante Cliff Acree; el cual estuvo al mando del escuadrón aéreo VMO-2 de la Infantería de Marina, en San Diego, California.

El Comandante Cliff fue llamado para combatir en la Guerra del Golfo Pérsico el 29 de noviembre de 1990. Su avión fue derribado por un misil. Tras lograr sobrevivir al impacto del misil y al impacto en la tierra, fue capturado junto con su ayudante por cuatro iraquíes. Y allí se inició su calvario. Después de algunos interrogatorios, golpes, amenazas de muerte, desvelos, cárcel y muy poco alimento y agua, le obligaron a filmar un video que fue visto por millares de personas en todo el mundo.

Y sin embargo, la pesadilla para el Comandante Cliff, aún no había terminado. Llegaron los días más difíciles; los días que Cliff los llamó: *"Terrible amenaza"*. Pasó un tiempo sin que ocurriera nada. Luego, una mañana, dice Cliff, "recibí un regalo inesperado: una mandarina. La devoré, y eché la cáscara en mi agua para ingerir vitamina C. Al día siguiente me dieron otra mandarina. *Quizá ya ha pasado lo más difícil*, pensé".

No fue así, aún no había terminado su calvario. Aquella misma noche unos guardias lo esposaron y le vendaron los ojos y lo trasladaron a otra prisión. Era un edificio fortificado. La celda en la que lo pusieron era como un congelador, aun la cobija que le dieron no le ayudó para entrar en calor. Durante los siguientes veintitrés días las cosas no mejoraron. La escasa comida consistía en unas pocas cuchadas de caldo al día y uno o dos trozos de pan duro. Lo que daban para comer no lo dejaba satisfecho su estómago era como un pozo seco que lo obligaba a buscar algo para satisfacer su hambre y la sed.

El frio, el hambre y la sed eran tormentos diarios, a estos tres, se agregaban los guardias que disfrutaban asustándolos. A Cliff lo despertaban a cualquier hora de la noche o del día para insultarlo, para amenazarlo y para torturarlo.

A los pocos días de haber estado en su nueva celda lo volvieron a interrogar sobre la operación de la llegada inminente del desembarco en Kuwait, cosa que Cliff estaba al tanto pero que, si lo confesaba sabía que muchas personas morirían. Aunque, los planes se habían cambiado, la invasión sería desde Arabia, pero como Cliff no estaba al tanto de la suspensión del desembarco en Kuwait, lo siguieron interrogando y torturando sobre ello.

Al no confesar, la situación de Cliff empeoró. Una noche, vendado y esposado lo llevaron a otro interrogatorio. En su negación de confesar o dar las respuestas de los interrogantes, el interrogador muy enojado le advirtió que ya estaba cansado o harto de estarlo interrogando así que si no les decía la verdad comenzaría al día siguiente a cortarle los dedos. Por cada pregunta que no contestara le cortarían un dedo. La advertencia fue severa, pues, la manera de conservar sus diez dedos sería darles diez respuestas correctas. Además seguirían torturándolo y mandarían su cuerpo a su país en pedazos. Eran amenazas severas que Cliff no dudó que las cumplirían. El calvario para Cliff era insoportable. Su única libertad era elegir. En cada interrogatorio, Cliff se había preguntado en lo que más valoraba y el por qué estaría dispuesto a morir.

Aquella misma noche del día que le habían amenazado, Cliff, sintió un temblor, estaban bombardeando en donde él estaba preso. Cliff, se dio cuenta que los aliados no se habían olvidado de ellos. De inmediato pensó, en que sus amigos se dieran prisa, que los sacaran de esa tortura.

A Cliff le atormentaba la idea de morir sin haberse despedido de su esposa y se lamentaba el dolor que por causa de él ella y el resto de la familia estuviera sufriendo. En su encierro, Cliff, le pidió a Dios que estuviera con él al día siguiente.

Lo que Cliff ignoraba era que Irak había rechazado un ultimátum para retirarse de Kuwait. Por tal motivo, el general H. Norman Schwarzkopf, aquella noche y las horas siguientes, Schwarzkopf, estaba a punto de lanzar la ofensiva terrestre sobre los enemigos. En su afán de acabar pronto con la guerra, esa despejada noche del 23 de febrero de 1991 los Aliados realizaron más de 3000 ataques aéreos. El blanco fue el Cuartel Regional del Servicio de Espionaje de Irak, precisamente en donde se encontraban los prisionero de guerra. En ese ataque al Cuartel Regional participaron varios bombarderos F-117 Stealth.

Comenzando el 23 de febrero del año 1991, un estruendo despertó a Cliff con rapidez. Fue una fuerza tal que las paredes de la cárcel se doblaron como un acordeón, a Cliff le comprimió los huesos del tórax. Aunque todas las noches, durante los días 23 al 28 de febrero había escuchado caer las bombas, nunca le había caído una tan cerca.

Cliff escucho pasar un Jet y en ese momento una bomba que fue guiada por rayo láser estalló en el aire. Con un horrible crujido otra bomba hizo un gran boquete en el techo del edificio en donde Cliff se encontraba. El impacto de la bomba traspasó los pisos de concreto como si fueran pisos de madera. El impacto también le afectó a Cliff el cual fue arrojado contra una pared en donde quedó con los oídos zumbándole. Sintiendo que el edificio se había sacudido, Cliff, pensó con una extraña calma que eso era el fin. Para Cliff, morir por el impacto de una bomba era mejor que ser descuartizado.

Otra bomba cayó cerca de Cliff y lo lanzó al otro lado de la celda en donde quedó sin aire. Los otros presos comenzaron a golpear las puertas y a suplicar desesperadamente que los dejaran libres. Con el estruendo de las bombas, nadie los escuchaba. Además, los guardias habían corrido a esconderse en un refugio subterráneo.

Alguien gritó -¡Ahí viene otra! Todos se protegieron del impacto aunque la bomba dio de lleno contra el edificio, estaban aún vivos. Cliff, cegado por el humo cerró los ojos, cuando los abrió se dio cuenta que el impacto de la bomba había doblado el marco de la puerta de la celda y la ventana estaba derrumbada. Aunque el edificio había quedado semidestruido, milagrosamente el lugar donde se encontraban Cliff y los otros presos estaba en pie. Todos sobrevivieron aunque con heridas pequeñas.[378]

Así, tras siete meses de ocupación, Kuwait había sido liberado del poder de los iraquíes. "Sin embargo, yo no me enteré de

---

[378] Cynthia y Cliff Acree. *Un mar entre los dos.* (Miami, Florida. Selecciones del Readers Diges't: Sección de libros. Volumen CXXII, No. 731. Octubre de 2001), 132- 135.

esto hasta la tarde del día siguiente, cuando me permitieron ir al baño ~ sigue comentando Cliff ~. De regreso a la celda me detuvo un iraquí de seis pies y siete pulgadas de estatura y 250 libras de peso. Levanto una de sus manazas como si fuera a golpearme. Cerré los ojos, pensando que me iba a dar una paliza, pero la mano se posó sin violencia sobre mi hombro.

-¿Tiene hijos? -me preguntó.
-Sí -contesté con recelo-: una niña.
-¿Le gustaría volver a verla?
-Por supuesto.
Rogué que aquello no fuera otra amenaza contra mi familia.
-Pues la verá pronto. Lo soltaremos dentro de tres días".[379]

Hoy día el Comandante Cliff y su esposa Cynthia con sus dos hijos varones que le han nacido en estos años, viven en la Estación Aérea Naval de Pensacola, Florida.

Después de toda esa terrible experiencia, al pasar los años y disfrutando de un día de paseo en Washington D. C., el Comandante Cliff comento: *"La libertad no tiene precio. Uno no se da cuenta hasta que la pierde"*.[380]

Esa fue precisamente la razón por la que el profeta Isaías había decaído en su semblante; sabía que su gente no apreciaba la libertad que tenían. Pero que llegaría el día en que se darían

[379] Cynthia y Cliff Acree. *Un mar entre los dos*. (Miami, Florida. Selecciones del Readers Diges't: Sección de libros. Volumen CXXII, No. 731. Octubre de 2001), 136- 138.

[380] Cynthia y Cliff Acree. *Un mar entre los dos*. (Miami, Florida. Selecciones del Readers Diges't: Sección de libros. Volumen CXXII, No. 731. Octubre de 2001), 140.

cuenta del glorioso valor de la libertad. Curiosamente, el lugar en donde el Comandante Cliff Acree obtuvo su libertad es el mismo lugar en donde los judíos obtuvieron el permiso para regresar a su tierra; Ese lugar fue Babilonia, hoy Bagdad, Irak.

Pero aún hay otra libertad que está a la puerta. Libertad que recibirán cuando los cielos se rasguen y Jesucristo descienda. Cuando los montes se estremezcan con su presencia. Cuando Dios manifieste su poder a sus enemigos.[381] Y cuando eso suceda, los creyentes en Jesucristo del pueblo judío y todo gentil regenerado por la sangre de Cristo; los que han formado y están formado la Iglesia del Señor Jesucristo, todos, como un solo hombre, serán liberados. ¿Cómo serán liberados? Serán liberados...

Con Gran Estruendo

I.- ESTRUENDO TERRENAL.

Pablo en I Tesalonicenses 4:13-18, dice:

"Hermanos, no queremos que ignoren lo que va a pasar con los que ya han muerto, para que no se entristezcan como esos otros que no tienen esperanza. ¿Acaso no creemos que Jesús murió y resucitó? Así también Dios resucitará con Jesús a los que han muerto en unión con él. Conforme a lo dicho por el Señor, afirmamos que nosotros, los que estemos vivos y hayamos quedado hasta la venida del Señor, de ninguna manera nos adelantaremos a los que hayan muerto. El Señor mismo descenderá del cielo con voz de mando, con voz de arcángel y con trompeta de Dios, y los muertos en Cristo resucitarán primero. Luego los que estemos

---

381   Isaías 64:1-2.

vivos, los que hayamos quedado, seremos arrebatados
junto con ellos en las nubes para encontrarnos con el
Señor en el aire. Y así estaremos con el Señor para
siempre. Por lo tanto, anímense unos a otros con estas
palabras".382

Compañero, de una manera rápida notemos que Pablo está diciendo que cuando el Señor Jesucristo regrese en Su Segunda venida sucederán importantes eventos:

A.- La voz del Señor literalmente se escuchará. Se escuchará de dos maneras:

Primera, "*Con voz de mando*", esto es que el Señor ya no viene como el niñito tierno y humilde que nación en Belén de Judá, sino que ahora viene tal y como les dijo a sus discípulos antes de ascender los cielos. "Toda autoridad me es dada en el cielo y en la tierra".383 ¡Por eso viene con voz de mando! ¡Viene con autoridad absoluta!

Segundo: Viene "*con voz de arcángel*". Arcángel en la Biblia es considerado como "Jefe o primer ángel. El término español 'arcángel' es derivado de la palabra griega *archangelos*, que aparece solo dos veces en el NT.".384 Jesucristo no es ningún ángel creado ni el primero de todo ellos, sí, es su jefe pero no en el sentido de ser uno de ellos, sino en el sentido de que él es Dios y los ángeles, los arcángeles y los serafines están para su servicio.

---

382   I Tes. 4:13-18, (NVI).

383   Mateo 28:16, (RV60).

384   Leticia Calcada, Edición General. Diccionario Bíblico Ilustrado Holman. (Nashville, Tennessee. B & H Publishing Group. 2008), 126.

Entonces, cuando Pablo dice que Jesucristo viene "con voz de arcángel" no solo se refiere a la autoridad que es propia de él sino que, además, viene como todo un jefe a pedir cuentas de los seres humanos; viene con autoridad para llevarse a su iglesia a otra dimensión; ¡a los cielos!

B.- La Trompeta de Dios sonará.

En el estruendo final se escuchará el sonido de una trompeta. No será de bombas o misiles como en el caso de Cliff, sino el sonido de la trompeta de Dios. El ultimo sonido de trompeta que se escuchará en esta tierra. Los redimidos seguirán escuchando la música de las trompetas que serán rocadas por los ángeles en la Patria Celestial.

El sonido de la trompeta se ha usado y se usa de diferentes maneras: "La Trompeta, el *Shofar* y el *Yobel,* instrumentos de viento, son usados como signo de poder, como medio de comunicación o como artefacto de adoración".[385] Algunos ejemplos del uso de las trompetas, son:

1.- Para llamar a las Reuniones y para iniciar las salidas.

"Hazte dos trompetas de plata labrada, y úsalas
para reunir al pueblo acampado y para dar la señal
de ponerse en marcha". Números 10:2, (NVI).

---

385 Alejandro Pedraza Piñeros. ¿Son estos los sonidos de las Trompetas del libro del Apocalipsis? (La Habra, California. Internet. Artículo del 19 de Marzo de 2012 en Bogotá D.C. Consultado el 5 de septiembre de 2018), 2. http://signosdelcielo.blogspot.com/2012/03/el-2012-y-los-sonidos-del-celo-entrega.html

2.- 2.- Para la alabanza y la adoración.

"David y todo Israel celebraban ante Dios con
todas sus fuerzas, entonando canciones y tocando
todo tipo de instrumentos musicales: liras, arpas,
panderetas, címbalos y trompetas". I Crónicas
13:8, (NTV).

3.- 3.- Para los retiros y las conmemoraciones.

"El Señor le ordenó a Moisés que les dijera a los
israelitas: 'El primer día del mes séptimo será para
ustedes un día de reposo, una conmemoración con
toques de trompeta, una fiesta solemne en honor
al Señor'". Levítico 23:23-24.

4.- 4.- Para los planes y acciones de Dios.

"Y al sonido de la gran trompeta mandará a sus
ángeles, y reunirán de los cuatro vientos a los
elegidos, de un extremo al otro del cielo". Mateo
24:31, (NVI).

5.- 5.- Para alistarse para la guerra.

"Cuando vayáis a la guerra en vuestra tierra contra
el adversario que os ataque, tocaréis alarma con
las trompetas a fin de que el Señor vuestro Dios
se acuerde de vosotros, y seáis salvados de vuestros
enemigos". Núm. 10:9 (BLA).

En cada caso se nota la importancia del sonido de la
trompeta. Cuando Jesucristo regrese en su Segunda Venida el
sonido de la trompeta no será de menor importancia, más bien,
será de mucha importancia escucharla. ¿Para qué escucharla?

Primero, para estar atentos a la venida de Jesucristo, que cuando él venga no se encuentre con un *"carmacielo"*[386] como lo fue en su Primera venida. Segundo, para escuchar su sonido y poder definirlo y entenderlo de tal manera que no seamos engañados con otros tipos de sonidos. Es decir que, cuando suene la final trompeta nos alistemos para recibir al Señor Jesucristo – aunque va ser en un abrir y cerrar de ojos – y que, al no ser engañados, nos preparemos para la guerra. ¡Es el toque final! Ya no habrá otra oportunidad de ser transformados; de ser parte de la Comitiva del Señor Jesucristo. ¡Es el final!

II.- LA TIERRA TEMBLARÁ.

Temblores y más temblores. Aquí en California donde yo vivo esto ya es parte de la vida normal pero, aun así, a miles de personas nos da temor el hecho de saber y sentir que está temblando. No nos acostumbramos a este fenómeno natural. Cuando Jesucristo murió en la cruz allá en el Calvario, uno de los fenómenos o milagros que sucedieron fue la resurrección de los muertos a causa de un fuerte terremoto.[387]

Compañero, ¡no sé cuál fue el milagro! Si el fuerte terremoto que partió hasta las piedras y abrió los sepulcros o la resurrección de los muertos o ambos sucesos. Lo que sí sé es que fue un estruendo de mucha magnitud que anunciaba que el que estaba crucificado era el Hijo de Dios y que, la resurrección de los muertos era una realidad visible; es decir que, llegará el día en que todos – redimidos y no redimidos – seres resucitados.

---

[386] Recordar la enseñanza del *carmacielo* en el tema: *Hasta lo último de la tierra*, en Isaías 62:10-11.

[387] Mateo 17:51-53.

El profeta Isaías, Daniel y Flavio Josefo, en esta lección y en las anteriores, han enseñado que la venida de los hijos de Dios; es decir, el Pueblo de Israel; hacia Jerusalén desde Babilonia se inició con un estruendo que de una manera poética, Isaías lo ha presentado con estas palabras: "¡Ojalá rasgaras los cielos, y descendieras! ¡Las montañas temblarían ante ti, como cuando el fuego enciende la leña y hace que hierva el agua! Así darías a conocer tu nombre entre tus enemigos, y ante ti temblarían las naciones".[388] Y sí que sucedió.

Cuando el Señor Jesucristo regrese por Segunda vez, los redimidos "caminaremos" – Pablo dice que seremos raptados – hacia Su presencia. Si el Pueblo de Israel regresó a su tierra después de un estruendo, la Iglesia de Jesucristo también después de un estruendo en donde los cielos dejarán ver a las multitudes de ángeles que acompañan al Señor con esa autoridad que es propia de él, y con los sonidos de la trompeta final y de las trompetas, porque creo que los ángeles que acompañen al Señor también traerán sus trompetas,[389] después de ese glorioso estruendo, la iglesia "caminará" hacia la Patria Celestial y, allí estaremos para siempre con el Señor.[390] Le serviremos por la eternidad.

¡Habrá, pues, un Gran Estruendo Celestial que afectará lo terrenal! Existe gente de nuestro tiempo que no cree en estos sucesos; para algunos lo que importa es estar en Cristo y no tanto los detalles de cómo estar para siempre con él. Uno de estos pensadores es el teólogo y comentarista bíblico William Barclay que, al comentar sobre lo escrito por Pablo a los Tesalonicenses, dice: "El cuadro que traza Pablo del Día de la

[388] Isaías 64:1-2, (NVI).

[389] Mateo 27:31-32

[390] I Tesalonicenses 4:16.

Segunda Venida de Cristo es pura poesía, un intento de describir lo indescriptible…. No se pretende que tomemos lo que es una visión espiritual con un liberalismo crudo e insensible. No son los detalles lo importante, sino que tanto en la vida como después de la muerte el cristiano está en Cristo, y esa es una unión que nada puede romper".[391] Otros, han escuchado de la libertad que hay en Cristo Jesús y se vuelven indiferentes; saben que el mundo se está preparando para la Segunda Venida de Jesucristo, de la misma manera como el mundo se preparó para la caída de Babilonia y siguen en un eterno *"carmacielo"*. Se escucha acerca de la inminente "Tercera Guerra Mundial, en donde la paz del mundo está amenazada con pruebas nucleares, atentados terroristas y ciberataques"[392]

"En los últimos 70 años la Guerra Mundial como concepto ha incurrido en un proceso de transformación, y aunque el temor común es que la tercera versión pudiera realizarse con armar radiactivas, lo cierto es que estas juegan un papel meramente disuasivo, manteniendo la cotidianidad bajo una tensa y relativa *pax nuclear*".[393] Y creo que seguirán así hasta que sean despertados o inquietados por el estruendo que se aproxima. Esa fue precisamente la razón por la que el profeta Isaías había decaído en su semblante; sabía que su gente no

---

[391] William Barclay. Comentario al Nuevo Testamento: Filipense, Colosenses, 11 2 Tesalonicenses. Volumen 11. (Terrassa (Barcelona), España. Editorial CLIE. 1999), 242.

[392] Porfirio Sánchez Galindo. Director general. *La tercera Guerra mundial: La paz del mundo está amenazada con pruebas nucleares, atentados terroristas y ciberataques*. Titulo en la portada de la Revista: Muy Interesante. (México. Televisa Publishing International. Junio de 2018. Núm. 06.).

[393] Gerardo Sifuentes. *Tercera Guerra Mundial: El miedo como la mejor arma*. (Revista: Muy Interesante. Para saber de todo. (México. Televisa Publishing International. Junio de 2018. Núm. 06), 36-37

apreciaba la libertad que tenían. Pero que llegaría el día en que se darían cuenta del glorioso valor de la libertad. Y, entonces, cambiarían de mentalidad, saldrían del "*carmacielo*" y entonces, le dirán al Señor: "A pesar de todo, Señor, tú eres nuestro Padre; nosotros somos el barro, y tú el alfarero. Todos somos obra de tu mano".[394] Un reconocimiento de la grandeza y de la misericordia de Dios.

Compañero, eso es lo que Dios espera de nosotros; de ti y de mí. Reconocer que Dios es un Ser Soberano al cual ni la misma naturaleza lo detiene, sino que más bien lo alaba. Y, aceptar su misericordia ahora, antes de que llegué el estruendo final y nos encuentre desprevenidos.

¿El fin del mundo será con Anthraz? ¿Será con bacterias? ¿Será con productos químicos? Todo eso son probabilidades de un estruendo mundial, de un desastre humanitario de la naturaleza. Todos estos temores anuncian o pronostican un cambio radical en la humanidad. Sin embargo, de acuerdo con los sucesos bíblicos, el fin del mundo será cuando en un abrir y cerrar de ojos[395] suceda este último estruendo. Mientras tanto, ¿tú que harás?

---

[394]   Isaías 64:8, (NVI).

[395]   I Corintios 15:52.

Qué Ingratitud

"Me di a conocer a los que no preguntaban por mí;
dejé que me hallaran los que no me buscaban.
A una nación que no invocaba mi nombre, le dije:
"¡Aquí estoy!"
Todo el día extendí mis manos hacia un pueblo
rebelde, que va por mal camino, siguiendo sus
propias ideas.
Es un pueblo que en mi propia cara constantemente
me provoca; que ofrece sacrificios en los jardines y
quema incienso en los altares; que se sienta entre
los sepulcros y pasa la noche en vigilias secretas;
que come carne de cerdo, y en sus ollas cocina
caldo impuro; que dice: "¡Manténganse alejados!
¡No se me acerquen! ¡Soy demasiado sagrado para
ustedes!" Todo esto me fastidia como humo en la
nariz; ¡es un fuego que arde todo el día!
Ante mí ha quedado escrito; no guardaré silencio.
Les daré su merecido; lo sufrirán en carne propia,
tanto por las iniquidades de ustedes como por las
de sus padres —dice el Señor—.
Por cuanto ellos quemaron incienso en las montañas
y me desafiaron en las colinas, les haré sufrir en carne
propia las consecuencias de sus acciones pasadas".

Isaías 65:1-7, (NVI).

COMO PASTOR QUE soy, creo entender al profeta Isaías mientras le escucho predicar estas tristes y desalentadoras palabras que Dios le ha revelado en estos dieciséis versículos de este capítulo sesenta y cinco del libro de Isaías (compañero, por favor lee todos estos versículos). En mi espíritu, compañero, puedo verlo parado junto a la puerta *La Hermosa* con el rostro triste, pero con una voz segura y bien clara. Es un mensaje que anuncia el castigo de los rebeldes; como si el anterior no hubiese sido suficiente para entender que algún día tendremos que dar cuentas de nuestros hechos ante un Dios Santo y justo, ahora Dios tiene que dar uno más con el mismo tono a fin de que su pueblo; los que aún siguen de rebeldes, entiendan que no se quedarán sin castigo.

También, como pastor que soy, y volviendo a mi realidad; a mi mundo, me duelen ciertas actitudes de los miembros de mi iglesia y por ello, quisiera olvidarlas lo más pronto posible sin ningún comentario. Sin embargo, veo en este Capítulo sesenta y cinco de Isaías, y en toda su profecía, que Dios, aunque le dolía en lo más profundo de su ser, no guardó silencio ante las injusticias, pecados e ingratitudes de su pueblo.

Así que hoy, mientras escribo mi devocional, no puedo callar ante una actitud que me dolió mucho, al tiempo que me preguntaba, ¿qué les había enseñado a mis hermanos en Cristo; ¿qué les había mostrado y enseñado a mis ovejas, con mis predicaciones? ¿Qué actitud les había mostrado? Estaba pastoreando la Iglesia Bautista en mi vecindario. En ese entonces, contamos con un pianista, que, a decir verdad, no era un experto en la música; era un lírico que se acomodaba a toda clase y ritmo que se tocaba o cantaba. Durante el tiempo de la alabanza, el pianista le ponía todo su empeño y, así, todo mundo, al ritmo de la música que salía del piano alaba al Señor de los cielos. ¡En verdad el pueblo alaba a Jesucristo!

Nuestro pianista era un anciano humorista, cafetero, en especial del café cubano, un hombre de oración y casi ciego. Era un hombre a quien le encantaba visitar a los enfermos ya fuera en sus casas o en el hospital. Llegaba en compañía de su esposa hasta ellos con la Biblia en la mano; les leía un pasaje bíblico, les consolaba en su dolor y oraba por y con ellos. Era un hombre de Dios que se preocupaba de la iglesia, no importaba en qué situación se encontrara; sano o enfermo, nunca dejó de dar sus diezmos y ofrendas y, siempre estaba haciendo pública la iglesia invitando a toda persona que se cruzaba en su camino a los cultos y estudios bíblicos. Además, era un hombre muy puntual, desde que yo tomé el pastorado de aquella iglesia, nunca llegó tarde a ningún servicio o actividad de la iglesia.

Pues bien, el miércoles 3 de febrero, de 1999, a las 4:00 p.m., este anciano salió de su hogar con rumbo directo al hospital. En esa ocasión no fue para visitar algún enfermo, sino que ¡él era el enfermo! Salió con fuertes dolores en la parte baja de su estómago. Estaba en tratamiento de posible cáncer en la próstata y, al no soportar el dolor, decidió ir al hospital para que se lo controlaran.

A las 10:00 a. m. del día jueves lo visité y allí en la cama del hospital me contó su sorpresa. Fue para que le calmaran el dolor de la próstata, pero, a las 2:00 p. m. de ese mismo día lo tenían que operar, ¡pero no de la próstata sino de cálculos en la vesícula!

Así que, una abertura con el bisturí desde muy cerca del ombligo hasta casi la primera costilla del lado derecho fue necesaria para sacarle las piedras de la vejiga. La herida fue cerrada con veintitrés grapas en lugar de hilo. Como era diabético, el médico que lo operó decidió que se quedara en el hospital hasta que cerrara bien la herida.

El mismo miércoles 3 de febrero, durante el estudio bíblico les comuniqué a los hermanos que nuestro pianista estaba en el hospital. El domingo siguiente les volví a recordar que el pianista había salido bien de la operación y que estaba internado en recuperación en el *Hospital Whittier* en la ciudad del mismo nombre en el cuarto número 215.

El martes 9 de febrero salió del hospital para continuar con su recuperación en su casa. Así que, el miércoles 10, durante el estudio bíblico, les avisé a los hermanos que ya nuestro pianista estaba en su casa. Familiares, amigos y hermanos en Cristo le visitaron mientras estaba en el hospital y después continuaron haciéndolo cuando ya estaba en su casa.

Durante los doce días después de la operación, nuestro pianista, sí, ese mismo que en días pasados había orado por mi cuando me sentía mal del corazón, sí, ese mismo recibió en su casa además de las visitas de amigos, familiares y cristianos, también recibió llamadas telefónicas y tarjetas postales. Una de ellas contenía las firmas de los miembros del comedor en donde él se reunía todos los días con los ancianitos para tocar el piano. Otra contenía las firmas de sus vecinos. Otra más contenía las firmas y los buenos deseos de algunos hermanos en Cristo. En fin, todos los días, desde las 8:00 a. m. hasta las 10:00 p. m., siempre había alguien visitándole, orando o sencillamente platicando con él y su esposa.

Bueno, creo que a estas alturas, compañero, ya se está preguntando; y los miembros de la Iglesia Bautista Bethel,

¿cuándo les visitaron? ¿Qué tipo de tarjetas le enviaron? ¿Qué cuándo les visitaron? ¡NUNCA! Sí, así como lo acabas de leer, con letras mayúsculas; NUNCA, ¡NADIE! ¿Acaso alguien de aquellos que se gozaban cantando, mientras alababan al Dios de los cielos, al ritmo del piano le habló por teléfono algún día para saber de su condición o para orar con él? ¿Acaso alguien le habló por teléfono para decirle que estábamos orando por él? ¡NADIE! Nadie ni nunca durante esos doce días de recuperación, de parte de la Iglesia Bautista Bethel le visitó o le habló por teléfono. ¡NADIE ni NUNCA! ¡Qué INGRATITUD, Dios mío! ¡Qué INGRATITUD!

Compañero, ¿ya lo captaste? Lo que te acabo de comentar es una actitud similar a la que presenta el profeta Isaías con respecto al pueblo de Israel; el pueblo escogido de Dios. Pueblo al que Dios extendió sus manos todo el día. Pueblo al que se presentó con pruebas incomparables. Y que, pese a ello, Israel no visitó; no encontró a su Dios, sino que fueron otros pueblos los que le encontraron (*visitaron*). Estas son las tristes palabras de Dios en la boca del Profeta Isaías:

> *Me di a conocer a los que no preguntaban por mí;*
> *Dejé que me hallaran los que no me buscaban.*
> *A una nación que no invocaba mi nombre,*
> *Le dije: "¡Aquí estoy!"*
> *Todo el día extendí mis manos*
> *Hacia un pueblo rebelde,*
> *Que va por mal camino,*
> *Siguiendo sus propias ideas".*
> Isaías 65:1-2, (NVI).

¡Qué palabras tan tristes! ¿Te das cuenta, compañero? Fueron aquellos que preguntaron por El a quienes el Señor les dijo: "¡*Aquí estoy!*". Entre tanto, ¿qué hacia su pueblo? ¿Por qué no buscaron a su Dios? ¿Por qué no lo visitaron? La comodidad o la conformidad o la indiferencia o las muchas ocupaciones sociales o morales fueron grandes barreras que impidieron que Su pueblo pudiera tener una comunión con su Dios; fueron esas barreras levantadas por el mismo pueblo que le impidió visitar a su Señor.

Dios se había presentado a su pueblo con ese amor y esa misericordia que son características propias de su persona que le hacen resaltar sobre todos los dioses. Sin embargo, su pueblo decidió ~ neciamente~, adorar a otros dioses. Escucha, compañero, el lamento de tristeza de un Dios que ama en verdad:

> "*Es un pueblo que en mi propia cara constantemente*
> *me provoca; que ofrece sacrificios en los jardines y*
> *quema incienso en los altares; que se sienta entre los*
> *sepulcros y pasa la noche en vigilias secretas;*
> *Que come carne de cerdo, y en sus ollas cocina caldo*
> *impuro;. . ."*
>
> Isaías 65:3-4, (NVI).

¿Qué diferencia hay entre el pueblo de Israel y lo que te he comentado? ¡Ninguna! ¡Es la misma actitud! Mis hermanos; mis ovejas de Bethel, decidieron el cine, el mercado, el parque, el trabajo, la plática y la televisión en lugar de la visitación a su pianista. Israel pensó que esos dioses eran mejores que Jehová Dios. Pensaron que esos dioses los había hecho más espirituales que aun el mismo Dios de los cielos, al cual le dijeron: "*Quédate donde estás, no te acerques a mí, porque soy más santo que tú*".[396] La Nueva Versión Internacional, dice: "'*¡Manténganse alejados! ¡No se me*

---

[396]   Isaías 65:5, (RV60).

acerquen! ¡Soy demasiado sagrado para ustedes!' Todo esto me fastidia
como humo en la nariz; ¡es un fuego que arde todo el día!" Las frases
que dicen: "'Queda en tu lugar…' y 'Soy más santo que tú', eran
posiblemente las palabras que pronunciaban los seguidores de
ciertos ritos misteriosos que requerían que sus adherente pasaran
por algunas iniciaciones particulares. Se creía en la antigüedad
que la incorporación a esos cultos le brindaba al adorador ciertos
poderes mágicos que se transmitían por contacto".[397]

¡Qué INGRATITUD de parte de Israel! *"A los suyos vino*
~ dijo el apóstol Juan años después de Isaías ~, *pero los suyos no*
le recibieron".[398] ¡Pero si lo crucificaron! ¡Qué INGRATITUD,
Dios mío! ¡Qué ingratitud!

¡Ah! ¿Cuántas veces nuestras ingratitudes han crucificado a
nuestros hermanos y amigos? ¡Ah, mi hermano, mi hermana en
Cristo! ¿Cuántas veces nos olvidamos o despreciamos el amor
y la bondad de nuestro Dios, así como la comunión entre la
familia de Jesucristo y adoramos a otros dioses?

Ahora bien. . .

¿Qué son las consecuencias de la Ingratitud?

I.- HAMBRE Y SED ESPIRITUALES.

"Por eso, así dice el Señor omnipotente:
'Mis siervos comerán, pero ustedes pasarán hambre;
Mis siervos beberán, pero ustedes sufrirán de sed;…"

Isaías 65:13ª, (NVI).

---

[397] Samuel Pagan. *Isaías: Serie: Conozca su Biblia.* (Minneapolis. MN.
Editorial Augsburg Fortress. 2007), 210.

[398] Juan 1:12, (RV).

II.- VERGÜENZA.

"... mis siervos se alegrarán,
Pero ustedes serán avergonzados."
Isaías 65:13b, (NVI).

"Apartaos de mí malditos" (Mt. 25:41).

III.- CLAMOR AGÓNICO.

"Mis siervos cantarán con alegría de corazón,
Pero ustedes clamarán con corazón angustiado;
¡Gemirán con espíritu quebrantado!"
Isaías 65:14, NVI).

"Señor, ¿cuándo te vimos hambriento o sediento,
o como forastero, o desnudo, o
enfermo, y en la cárcel y no te servimos (visitamos)?" (Mt. 25:44).

IV.- MAL EJEMPLO A LA FAMILIA; INGRATOS.

"Mis escogidos heredarán el nombre de ustedes como una maldición.
El Señor omnipotente les dará muerte, pero a sus
siervos les dará un nombre diferente.
Isaías 65:15, (NVI).

Ejemplo: Padres abandonados; muertos en su soledad.

Por lo tanto, ¡cambia de actitud! Sí, cámbiala para que:

I.- PARA QUE TENGAS ALEGRÍA DEL SEÑOR.

"Por tanto, así dice el Señor Dios: He aquí, mis siervos
comerán, mas vosotros tendréis hambre; he aquí, mis siervos
beberán, más vosotros tendréis sed; he aquí, mis siervos se

alegrarán, más vosotros seréis avergonzados; he aquí, mis
siervos darán gritos de júbilo con corazón alegre".[399]

II.- CÁMBIALA PARA QUE TENGAS UN NOMBRE DIFERENTE; AMABLE, BONDADOSO, MISERICORDIOSO.

"Y dejaréis vuestro nombre como maldición a mis escogidos
... pero mis siervos serán llamados por otro nombre."
Isaías 65:15 (RV60).

III.- CAMBIA TU ACTITUD PARA QUE TENGAS LAS BENDICIONES DE DIOS.

"Porque el que es bendecido en la tierra, será bendecido
por el Dios de la verdad; y el que jura en la tierra, jurará
por el Dios de la verdad; porque han sido olvidadas las
angustias primeras, y porque están ocultas a mis ojos.
... - dice el SEÑOR".[400]

El cantautor, poeta, escritor y filósofo argentino Facundo Cabral, en cierta ocasión dijo: "Hay tantas cosas para gozar, y nuestro paso por la tierra es tan corto, que sufrir es una pérdida del tiempo. Tenemos para gozar la nieve del invierno y las flores de la primavera, el chocolate de la Perusa, la baguette francesa, los tacos mexicanos, el vino chileno, los mares y los ríos, el fútbol de los brasileños, Las Mil y Un Noches, La Divina Comedia, El Quijote, el Pedro Páramo, los boleros de Manzanero y las poesías de Whitman; la música de Mahler, Mosart, Chopin,

---

[399] Isaías 65:13-14a, (RV).

[400] Isaías 65:16; 25c, (RV).

Beethoven; las pinturas de Caravaggio, Rembrandt, Velázquez, Picasso y Tamayo, entre tantas maravillas".[401]

¡Hermosa reflexión de facundo Cabral! ¡Sí, hay que disfrutar de la vida! Esto es lo que el Señor nos está diciendo por medio de Isaías cuando nos dice que: *"han sido olvidadas las angustias primeras"*. Lo que a Cabral se le olvidó en esta reflexión personal fue algo muy importante en el caminar por esta tierra: ¿Cómo disfrutar de las maravillas de la Creación divina y de la inspiración humana sin la compañía de Jesucristo? Todo lo que Cabral ha mencionado es hermoso, pero, cuando llegas a la cama por las noches, ¿dónde queda la alegría del día? ¿Dónde quedó la satisfacción de haber visto las maravillas de Dios y de haber saboreado sus delicias o de haber escuchado sus grandes armonías? La presencia de Jesucristo en nuestra vida da respuesta a estas y otras más interrogantes, porque, al cambiar de actitud, entonces podemos tener las bendiciones del Señor. ¡Podemos disfrutar de esta corta vida sin darle lugar al sufrimiento!

¿Y cuál es la promesa si cambias de actitud?

Dios nunca nos deja a la deriva, siempre que quiere hacer algo con nosotros o por medio de nosotros, nos da promesas. En este caso, nos dice:

> *"Presten atención, que estoy por crear un cielo nuevo y una tierra nueva. No volverán a mencionarse las cosas pasadas, ni se traerán a la memoria... Antes que me llamen, yo les responderé; todavía estarán hablando cuando ya los habré escuchado".*[402]

---

[401] Facundo cabra. Gracias a la Soledad: Una bella reflexión. (La Habra, California. Internet: Slais en Power point. Marzo 24 de 2011), Slais #7.

[402] Isaías 65:17; 24, (NVI).

Compañero, ¡no seamos ingratos! Las promesas del Señor desde proveernos de la Vida Eterna hasta crear para nosotros un Cielo Nuevo debe de hacernos recapacitar; debe de hacer que cambiemos de actitud; debe de hacer que dejemos de estar adorando a otros dioses o estar en ritos que la Biblia condena y que cambiemos de actitud, una actitud que le dé la honra y la gloria al Señor todo el tiempo.

La ingratitud que hace posible estas lamentables palabras: "Porque llamé y no me respondieron, hablé y no me escucharon. Más bien, hicieron lo malo ante mis ojos y optaron por lo que no me agrada",[403] sean cambiadas por: "Cualquiera que en el país invoque una bendición – con una nueva actitud -, lo hará por el Dios de la verdad; y cualquiera que jure en esta tierra –con una mente renovada por el poder del Señor -, lo hará por el Dios de la verdad. Las angustias del pasado han quedado en el olvido, las he borrado de mi vista".[404] Esta es una actitud que a Dios le agrada por eso afirma: "Las angustias del pasado han quedado en el olvido, las he borrado de mi vista". La nueva vida en Cristo es de gratitud, no de ingratitud.

---

403 Isaías 65:12, (NVI).
404 Isaías 65:15, (NVI).

Al Final Del Tiempo

"Así dice el Señor:
El cielo es mi trono y la tierra el estrado de mis pies.
¿Dónde, pues, está la casa que podríais edificarme?
¿Dónde está el lugar de mi reposo?
Todo esto lo hizo mi mano,
Y así todas las cosas llegaron a ser - declara el Señor.
Pero a éste miraré: al que es humilde y contrito de
espíritu, y que tiembla ante mi palabra.
Más yo conozco sus obras y sus pensamientos.
Llegará el tiempo de juntar a todas las naciones y
lenguas, y vendrán y verán mi gloria.
Porque como los cielos nuevos y la tierra nueva que
yo hago permanecerán delante de mí - declara el
Señor -, así permanecerá vuestra descendencia y
vuestro nombre."

Isaías 66:1-2; 18; 22.

COMPAÑERO. SON LAS 5:00 AM, levantémonos para estar listos para cuando llegue nuestro guía. Nuestro tiempo en Palestina ha terminado: ¡Se acabaron las vacaciones! Hoy será nuestro último encuentro con el profeta Isaías. Y, hablando de él, allí viene. ¿Lo viste? Pasó de largo sin saludarnos. Creo que lleva prisa. ¡Vamos tras él! Compañero, este es el *Monte de los Olivos,* mejor dicho, este lugar es el lindero con Betania[405] ¿por qué nos trajo a este lugar? Creo saber la razón. Te recuerdas que el Nuevo Testamento dice que Jesucristo acostumbraba llegar a este lugar para orar, pero también dice que en Betania vivían Marta, María y Lázaro, que eran sus amigos y en donde Jesús pasaba a descansar.[406]. Era en estos lugares en donde él tomada fuerza física y espiritual en el contacto íntimo con sus amigos y su Padre Celestial.[407] Y, fue aquí, en este monte en donde Jesús se despidió de sus apóstoles. Pues: "El evento de la ascensión del Señor a los cielos. . . ocurrió. . . desde el monte de los Olivos, cerca de Jerusalén.[408]

Aproximadamente setecientos años después de que el profeta Isaías terminó de predicar y escribir esta profecía que estamos escuchando en cuanto al glorioso futuro de su amada ciudad; Jerusalén, Jesucristo se reunió con sus discípulos para celebrar la pascua. Y, allí, en el Aposento Alto, les habló de la felicidad que reina y reinará en el cielo AL FINAL DE LOS TIEMPOS.

---

[405]   **Betania**. Conocida fundamentalmente en los evangelios como el hogar de María, Marta y Lázaro. La antigua Betania ocupó un lugar importante en la vida de Jesús. Mientras él ministraba en Jerusalén, frecuentemente se quedaba en Betania en la casa de Sus amigos más íntimos.
(La aldea llamada Betania), estaba ubicada sobre la ladera oriental del Monte de los Olivos, como a tres kilómetros (dos millas) (Juan 11:18 LBLA) al sudeste de Jerusalén. (*Diccionario bíblico Ilustrado Holman*. Edición General: S. Leticia Calcada. Nashville, Tennessee. B&H Publishing Group en Español. 2008), 225.

[406]   Juan 11:1-2.

[407]   Lucas 6:12.

[408]   Guillermo Hendriksen. *El Evangelio según San Mateo: Comentario al Nuevo Testamento*. Trd. Humberto Casanova. (Grand Rapids, Michigan. Distribuido por T.E.L.L. 1989), 1045

Gran parte de esa felicidad es porque allá; en las Regiones Celestes, primeramente, hay un lugar para todos: *"En la casa de mi Padre hay muchas moradas;- Lo dijo Jesucristo - si no fuera así, os lo hubiera dicho; porque voy a preparar un lugar para vosotros".*[409] Segundo, los que logremos, por la gracia de Dios, estar allá, Al Final De Los Tiempos, por la eternidad, estaremos siempre con el Señor Jesucristo y por ende, ¡en compañía perpetua con la Santísima Trinidad! *"Y si me voy y preparo un lugar para vosotros ~ les siguió diciendo Jesús a sus discípulos. Y agrego: ~, vendré otra vez y os tomaré conmigo; para que donde yo estoy, allí estéis también vosotros. . . Creedme que yo estoy con el Padre, y el Padre en mí;. . . Y yo rogaré al Padre, y Él os dará otro Consolador para que esté con vosotros para siempre; es decir, el Espíritu de verdad, a quien el mundo no puede recibir, porque ni le ve ni le conoce, pero vosotros si le conocéis porque mora con vosotros y estará con vosotros".*[410] Compañero, esa permanencia del Padre, el Hijo y el Espíritu Santo, es decir, *La Santísima Trinidad*, estará con nosotros Al Final De Los Tiempos y aún más allá de ese glorioso evento. Es decir, ¡estará con nosotros por toda la eternidad!

El lugar donde Jesucristo ha reservado un lugar para nosotros; para los redimidos por su sangre, es el mismo lugar del cual Dios Padre le dijo a Isaías cuando le vimos entrar al Templo y postrase ante el gran velo que dividía el lugar Santo del lugar Santísimo allí en Jerusalén, diciendo: *"El cielo es mi trono".*[411] ¡Allí es la Casa del Padre Celestial! ¡Allí es donde los salvos por la gracia de Jesucristo pasaremos la eternidad! Porque AL FINAL DE LOS TIEMPOS, y aunque suene a Re abundancia, *"Llegará el*

---

[409]   Juan 14:2, (RV).

[410]   Juan 14:3, 11; 16-17, (RV).

[411]   Isaías 66:1, (NVI).

tiempo de juntar a todas las naciones y lenguas, y vendrán y verán mi gloria".[412]

Con toda seguridad, el trono de nuestro Dios, será un lugar sumamente glorioso. La gloria que allí podremos disfrutar será algo incomparable e indiscutible. ¿Podrás tú, mi compañero de viaje estar allí al lado de La Santísima Trinidad; junto al trono de su gloria y poder contemplar toda su hermosura? ¡Será una hermosura que no nos cansaremos de ver desde EL FINAL DE LOS TIEMPOS y por toda la eternidad!

Mientras tanto, antes del Final De Los Tiempos, vale la pena que nos apropiemos de la pregunta de Arno Froese: "¿Por qué preocuparnos por el futuro? . . . Toda la población mundial de 6 mil millones de personas, vive, en definitiva, para el futuro. Los pequeños esperan, con paciencia, el inicio de la escuela y aquellos que ya son un poco mayores, anhelan la finalización de los cursos, y el hacerse mayores. Muchas veces, continúan un grado más alto de estudios o un curso de capacitación profesional, un poco más tarde, tal vez, el enlace matrimonial. Día tras día, se asiste al trabajo, o se estudia, y se anhela el futuro, el mañana, el año que viene, en impaciente espera de grandes y extraordinarios acontecimientos personales".[413] Por ejemplo, "En este principio de milenio, un nuevo amanecer en la vida de México comienza, un despertar en el que su pueblo decide quien lo va a gobernar y como quiere que lo gobiernen".[414]

---

[412]   Isaías 66:18, (NVI).

[413]   Arno Froese, Revista: Llamada de Media noche: *La voz profética Para Los Últimos Tiempos.* Artículo: ¿Por Qué Preocuparnos Por el Fututo?: Un mensaje Bíblico de Arno Froese. (Columbia, SC, USA. Julio de 2000), 7.

[414]   Cris Villarreal Navarro. Periódico: La Opinión. Artículo: *Podemos ser felices todavía.* Comentarios. Sección B. (Los Ángeles, California. 9 de julio de 2000), 4B.

Esa fue parte de la razón por la cual, "El 2 de junio (*año 2000*) los mexicanos descompusieron la maquinaria. Aceptaron las bicicletas, se montaron sobre ellas y dejaron al PRI atrás".[415]

Por lo tanto, al principio de este milenio, políticamente, "México despierta y el país es otro. Es de pronto, un paraje de dinosaurios desterrados, de panistas en el Congreso, de partidos pequeños que serán pivote, de senadores "empanizados", de intelectuales que integran el gabinete, de priistas sin rumbo y sin compás y sin líderes y sin trabajo. Termina la revolución institucionalizada y comienza la revolución del Internet. Termina el tiempo del PRI y comienza el futuro sin el PRI. Comienza la hora de la esperanza y del entusiasmo, la hora de la incertidumbre y la inquietud".[416]

Por su parte, el apóstol Pablo, les dijo a los hermanos de Corinto: *"El que está en Cristo nueva criatura es, las cosas viejas pasaron, he aquí, todas son hechas nuevas"*.[417] Al mismo tiempo que a los de Tesalónica los consolaba diciendo: *"Regocijaos en el Señor siempre. Otra vez os digo regocijaos"*.[418]

Volvamos pues a la pregunta de Arno: ¿Por qué preocuparnos por el futuro? Sí, ¿por qué la iglesia, los que estamos en Cristo, los que hemos nacido de nuevo, los que debemos regocijarnos en el Señor siempre, por qué tenemos que preocuparnos por el futuro? No, mis amados hermanos en Cristo ¡No hay razón

---

[415]   Denise Dresser. Periódico: La Opinión. Artículo: *Derrota del PRI: México país recobrado*. (Los Ángeles, california. 9 de julio de 2000), 1B.

[416]   Denise Dresser. Periódico: La Opinión. Artículo: Derrota del PRI: *México país recobrado*. (Los Ángeles, california. 9 de julio de 2000), 1B.

[417]   2 Corintios 5Z:17, (RV).

[418]   I Tesalonicenses 4:4, (RV).

para hacerlo! Porque al fin y al cabo, AL FINAL DE LOS
TIEMPOS, Jesucristo, nuestro Salvador, nos esperará con los
brazos abiertos para darnos la bienvenida a la Casa de su Padre;
al mismo cielo, al Trono Celestial. Amén. ¡Aleluya! Allí, y en
ese tiempo, si será: "El abrazo más esperado".[419] El viernes a las
2:54 de la tarde se estacionó un autobús en el Parque de los
Venados en la ciudad de Bell Garden, California. De él bajaron
21 personas, todos ellos mayores de la edad de 60 años. Todos
eran del estado de Michoacán, México. Llegaron a California
con una visa que les otorgó el Gobierno de los Estados Unidos
por diez años. Llegaron para encontrarse con sus hijos y, al
hacerlo, se dieron: "El abrazo más esperado".[420]

¿Sabes qué?, compañero, AL FINAL DE LOS
TIEMPOS, todos los Redimidos por la Sangre de Cristo, nos
estacionaremos en las Moradas Celestiales y allí, recibiremos *el
abrazo más esperado* desde que nos convertimos a Jesucristo.
¡Jesucristo nos dará ese caluroso abrazo!

"Ven, Señor Jesús",[421] fue la última petición del apóstol Juan,
a la cual hacemos bien en apropiárnosla por esta ocasión y decirle
a nuestro Redentor y Salvador Jesucristo: *"Ven, Señor Jesús"* y
comienza ya EL FINAL DE LOS TIEMPOS, porque estamos ansiosos
de recibir tu abrazo. Los ancianos de Michoacán, algunos de
ellos como María de Lourdes Casares Rosas, de 64 años de
edad, tardó diecisiete años para poder recibir los abrazos de sus

---

[419]   Jorge Luís Macías. Familias michoacanas se abrazan en L.A. (Los
Ángeles, California. Periódico La Opinión. Domingo 28 de mayo de 2017),
1. Laopinion.com

[420]   Jorge Luís Macías. *Familias michoacanas se abrazan en L.A.* (Los
Ángeles, California. Periódico La Opinión. Domingo 28 de mayo de 2017),
1-2. Laopinion.com

[421]   Apocalipsis 22:20, (RV).

hijos",[422] ¿cuánto tardaremos nosotros en recibir ese anhelado abrazo? La señora le dijo al periodista que sus hijos son el mayor regalo que Dios le dio, para nosotros, compañero, el mejor regalo que Dios nos dará, aparte de la Salvación en Cristo Jesús que ya nos ha dado, será que el mismo Señor Jesucristo junto a su Padre y el Espíritu Santo nos abrasen y nos den la bienvenida a la *Casa de Dios*; es decir, a la Mansiones Celestiales. Me encanta cantar y escuchar el Himno titulado: *Cuando allá se pase lista*, pues me recuerda y anima EL FINAL DE LOS TIEMPOS. ¡El día del encuentro con mi Salvador! Creo que esa era la idea del compositor de este himno, pues, dice:

> *Cuando la trompeta suene en aquel día final,*
> *Y que el alba eterna rompa en claridad;*
> *Cuando las naciones salvas a su patria lleguen ya.*
> *Y que sea pasada lista, allí he de estar.*

Coro

> *Cuando allá se pase lista, cuando allá se pase lista,*
> *Cuando allá se pase lista, a mi nombre yo feliz*
> *responderé".*[423]

¡Ah! mi amigo, mi compañero de viaje por esta tierra tan interesante, Al final de los TIEMPOS, cuando todo aquí llegue a su fin, o cuando el Señor me llame a su presencia, yo me encontraré junto al Señor Jesucristo, en las Mansiones Celestiales, para que, después de que me dé *"El abrazo más*

---

[422]   Jorge Luís Macías. *Familias michoacanas se abrazan en L.A.* (Los Ángeles, California. Periódico La Opinión. Domingo 28 de mayo de 2017), 2. Laopinion.com

[423]   James M. Black. Trd., J. J. Mercado. *Cuando allá se pase lista.* Letra y música ROLL CALL. (El Paso, Texas. Himnario Bautista. Casa Bautista de Publicaciones. 1978), Himno # 504.

esperado", y que, inmediatamente después de los libros sean abiertos, entre ellos, el libro de la vida,[424] ". . . en el cual están escritos los nombres de las personas que pertenecen a Dios,[425] y se *"pase lista,"* yo pueda responder: ¡presente!, cuando mi nombre sea mencionado. ¡Ese será un hermosísimo día!

Compañero, AL FINAL DE LOS TIEMPOS, ¿tendrás tú, también, la bendición de decir: "¿Cuándo allá se pase lista, a mi nombre yo feliz responderé? Yo espero que sí. Y lo espero porque me gustaría que allá, en las Mansiones Celestiales emprendiéramos un nuevo viaje; ¡Un viaje por la Eternidad!

---

[424] Salmo 69:28; Daniel 12:1; Malaquías 3:16; Filipenses 4:3; Apocalipsis 3:5; 21:27.

[425] *Comentario de pie de página en la Biblia de estudio esquemática.* (Brasil. Sociedades Bíblicas Unidas en América Latina. 2010). 146-147.

Conclusión
¡Fue Un Hermoso Viaje Al Oriente!

"Volverán los rescatados del Señor, y entrarán en
Sión con cánticos de júbilo; su corona será el gozo
eterno.
Se llenarán de regocijo y alegría, y se apartarán de
ellos el dolor y los gemidos.
'Soy yo mismo el que los consuela. . . .
Toda la humanidad sabrá entonces que yo, el Señor,
soy tu Salvador; que yo, el Poderoso de Jacob, soy
tu Redentor'."

Isaías 51:11-12ª; 49:26b, (NVI).

H ABER LLEGADO A la ciudad de Jerusalén en la
manera en que llegamos, es decir, espiritualmente, y
conocer su problemática social, política, económica
y religiosa del año setecientos antes de Cristo, ¡fue una buena
experiencia y una enseñanza sin igual! Pero lo más interesante fue
el haber conocido al profeta Isaías con sus luchas y exhortaciones
a su pueblo Israel y a los pueblos vecinos de su país. Conocimos
de una manera espiritual países y ciudades como Egipto, Moab,
Arabia, Babilonia, Etiopía, Asiria, Samaria, Edom, Damasco,
Patros, Cus, Elam, Sinar, Hamat, Tiro y otras ciudades grandes

y pequeñas en su vecindario. De todas ellas, en donde había israelitas o judíos, el profeta Isaías les promete que: "Volverán los rescatados del Señor, y entrarán en Sión con cánticos de júbilo; su corona será el gozo eterno."[426]

¡Ah, Jerusalén! La amada ciudad de Isaías. Tanto Dios como el mismo profeta deseaban que Su pueblo fuera bendecido, ¡pero que lo fuera en Jerusalén! Una de las grandes bendiciones que Dios les promete es que, El será su Salvador. Por la boca de Isaías, el Señor, le dijo a su pueblo: "Soy yo mismo el que los consuela... Toda la humanidad sabrá entonces que yo, el Señor, soy tu Salvador; que yo, el Poderoso de Jacob, soy tu Redentor".[427]

Compañero en este largo viaje a la Tierra Santa, ¿te diste cuenta, que el profeta Isaías fue nuestro guía en todo este recorrido en el cual aprendimos mucho acerca del Pueblo de Dios? ¡Fue algo tremendo! Para mí sí lo fue. Espero que para ti también lo haya sido. No sólo conocimos las calles de Jerusalén en las que vimos a los israelitas divirtiéndose y algunos más jugando a la religión, y unos pocos piadosos. También estaban allí las confiadas mujeres de Jerusalén a las cuales Isaías las reprendió por su indolencia. Estábamos allí - ¿te acuerdas, compañero de lectura? -, Paseándonos por las calles de Jerusalén cuando el arrogante rey Senaquerib retó a los ejércitos de Israel. En esa turbulencia guerrera, entramos al palacio del rey Ezequías y, estábamos precisamente allí, frente a él, cuando mandó llamar al profeta Isaías para que le ayudara a resolver el conflicto bélico contra el rey de Asiria. Recuerdas que vimos al rey Ezequías dirigirse al templo y nosotros lo seguimos, allí se arrodilló y

logramos oír su oración y sus palabras de confianza en el Dios
de Israel.

¡Ah, qué día tan agitado! ¿Verdad que sí? Acompañando
al rey Ezequías, el profeta Isaías nos llevó al muro de la ciudad
para que fuéramos testigos de la derrota de los ejércitos de
Senaquerib. En unas cuantas horas, ¡ciento ochenta y cinco mil
cadáveres estaban sobre la arena y tierra mezclados con su sangre
en las afueras de la ciudad!

¿Te acuerdas de la enfermedad y curación del rey Ezequías?
¡Claro que sí te acuerdas! Porque allí estábamos en el palacio
real cuando el rey, llorando en su cama, pidió la ayuda divina,
la cual no se hizo esperar; ¡Quince años más de vida para el rey!
Fue lo que Dios le concedió. Y nosotros fuimos testigos de eso,
ya que, inmediatamente después, vimos como la sombra sobre
las gradas del palacio retrocedieron diez grados, comprobando
con ello que el rey no moriría a causa de su enfermedad.[428]

De pronto, nuestro guía se puso triste. En visión vio a
los israelitas siendo llevados al cautiverio, y aunque hacía un

---

[428]   Este es un relato del Sr. Harold Hill, presidente de "Maquinaria Curtis"
de Baltimore, Maryland, consultor de la NASA. "La NASA desarrolló
un programa computarizado para saber la posición del sol, la luna y los
planetas en el espacio en cualquier momento del futuro, para evitar que
estos cuerpos espaciales estén en la trayectoria de nuestras naves espaciales
y satélites artificiales y choquen contra ellos. Programaron la computadora
para hacer el cálculo hacia delante y hacia atrás en el tiempo, pero en un
momento dado, el programa se detuvo, dando una alerta de un grave error
en el cómputo del tiempo. Al revisar el programa, encontraron que la alarma
se refería a la falta de un día en el espacio del tiempo que ya ha transcurrido
en la tierra. Estaban perplejos, pues no tenían ninguna respuesta a ese
problema.

esfuerzo por contener las lágrimas, su voz temblorosa mostraba el llanto interior que lo atormentaba, mientras advertía y al mismo tiempo consolaba a sus paisanos. ¡Hasta nosotros también tragamos saliva ese día tan triste para el profeta!

¡Ah, pero. . .! ¿Recuerdas cuándo escuchamos que les decía a sus compatriotas que serían liberados del poder babilónico por un tal Ciro a quien le llamó el Ungido del Señor? ¡En ese momento nuestra tristeza se convirtió en gozo!

¿Recuerdas cuando uno de esos días nuestro guía nos sacó de Jerusalén y nos llevó a Babilonia para que fuésemos testigos del juicio que le vendría a los babilonios a causa de su arrogancia? ¿Recuerdas cuando decía la gran babilonia: *"Seré soberana para siempre,. . . Yo, y nadie más"*[429], mientras esclavizaba a los israelitas?

De regreso a Jerusalén, escuchamos la sentencia a Moab a causa de *"sus vanas jactancias"*.[430] Por tal motivo, Isaías le dijo que sería *"despreciada con toda su gran muchedumbre, y su*

Un miembro del equipo mencionó que cuando era niño, en sus clases teológicas de su iglesia, le enseñaron que la Biblia relata que una vez el sol se detuvo, porque Josué se lo pidió a Dios para poder ganar una batalla antes de que se pusiera el sol, ya que si oscurecía no podrían acabar con el enemigo. Sus colegas le pidieron que les mostrara donde estaba esta historia. Buscaron y en Josué 10:12-13 pudieron leer lo siguiente: "Y el sol se detuvo y la luna se paró… El sol se paró en medio del cielo, y no se apresuró a ponerse casi un día entero" ¡Allí estaba el día que faltaba!" (José Luis Prieto. La Nasa y la Biblia: Reflexiones | 28884 lecturas. La Habra, Ca. Internet. Consultado el 7 de julio de 2017), 1 http://www.reflexionesparaelalma.net/page/reflexiones/id/281/title/La-Nasa-y-la-Biblia

[429]   Isaías 47:7-8, (RV).

[430]   Isaías 16:6, (NVI).

remanente sería muy pequeño y débil.[431] Así mismo alcanzamos a escuchar al profeta cuando dijo que Damasco dejaría de ser una ciudad y que vendría *"ser un montón de ruinas"*.[432]

Cuando escuchamos la sentencia sobre la experta en navegación; Etiopía, no sé qué pasó contigo, mi estimado lector, ¿te perdiste? ¿Te quedaste en Etiopia? No sé qué te sucedió. Pero por lo menos a mí, mi guía me llevó a conocer el viejo Egipto con su arrogancia y preponderancia militar. Caminando por las calles de Egipto contemplé su idolatría. En ocasiones, también fui acompañado del mismo Señor de Isaías, ante el cual, noté que *"el corazón de los egipcios se -derretía- dentro de ellos* cuando el Señor se les acercaba". Y estando allí, además de escuchar su destrucción, también oí cuando el profeta Isaías les dijo que la tierra de Judá sería un espanto para ellos por la sentencia tan terrible que les vendría, al grado de que una de sus ciudades sería llamada *"Ciudad de destrucción"*.[433]

Al término de mi viaje turístico por las ciudades y calles del Oriente, el profeta Isaías me trasladó desde su patria a una nación renovada; una ciudad a la cual él llamó el *"futuro glorioso de Sion"*.[434] Con esa impresión me llevó, entonces, hasta el lugar en donde el tiempo se termina; allí en donde la eternidad es al lado del Señor del profeta Isaías. ¡Mi guía me llevó hasta las mismas Mansiones de Jesucristo!

Espero pues, que tú, compañero de viaje y paciente lector, También hayas logrado salir más allá de tu tierra y de Palestina;

---

[431]   Isaías 16:4, (NVI).

[432]   Isaías 17:1, (NVI).

[433]   Isaías 19:1; 8, (NVI).

[434]   Isaías 66.

238   Eleazar Barajas

espero que tú también hayas sido trasladado en espíritu hasta las Mansiones Celestiales. Espero, también, que durante la lectura de este libro te hayas mantenido al lado de Jesucristo antes de volver a la realidad de este mundo. Y, finalmente, espero verte algún día caminando por *"las calles"* de aquel lejano país. País del cual Jesucristo dijo que iría delante de nosotros para prepáranos un lugar.[435]

En este largo viaje espiritual, acompañado por el profeta Isaías y con tu presencia a mi lado, compañero, te digo que:

"Con mis ojos vi llegar la gloria de mi Salvador;
Con sus pasos va exprimiendo el lagar del detractor;
Con su espada como rayo cual terrible vengador,
Conquista con verdad.

Coro
¡Gloria, gloria, aleluya! ¡Gloria, gloria, aleluya!
¡Gloria, gloria, aleluya! Dios es quien vencerá.

En lo hermoso de los lirios Cristo vino a Belén,
Con la gloria en su seno que transforma en Edén.
Él la vida santifica, anunciad tan grande bien,
Que hay en su verdad.".[436]

Con esta visión, no me despido de ti, compañero, sino que, te espero para que me acompañes a una nueva experiencia; a un caminar con Dios con Jesucristo a nuestro lado y con la

---

435 Juan 14:2.

436 Julia Ward Howe. *Gran Día de Victoria*. Trd., Abel Pierson Garza. (El Paso, Texas. Casa Bautista de Publicaciones. Música BATTLE HYMN, 1861. Canción folklórica americana, Siglo XIX. Himnario Bautista. 1978), Himno # 520.

iluminación del Espíritu Santo. En nuestra próxima aventura, caminaremos con *"Las Guerreras de Jesús"*.

Así que, compañero, mi amigo, mi amiga, mi hermano, mi hermana en Cristo, no me despido de ti con este libro, sino que......

¡nos vemos muy PRONTO!

En Cristo:

Eleazar Barajas

Bibliografía

Alvarado, Isaías. *Periódico La Opinión*. (Los Ángeles, California. Domingo 17 de Julio del 2011. Año 85. Número 305). Laopinion.com

Bard, Michell G. *Mitos y Realidades: Una guía para el conflicto árabe-israelí*. Trad. Vicente Echerri. (USA. Editorial American-Israelí Cooperative Enterprise (AICE). 2003.

Batterson, Mark. Destino Divino: *Descubre la identidad de tu alma*. (Miami, Florida. Editorial Vida. 2014).

Barclay, William. *Comentario al Nuevo Testamento: Mateo I: Volumen 1. Lucas: Volumen 4*. Gálatas y Efesios: *Volumen 10*. Filipenses, Colosenses, I y II Tesalonicenses: Volumen 11. *Santiago y Pedro. Volumen: 14*. (Terrassa (Barcelona), España. Editorial Clie. Trd. Alberto Araujo. 1997).

Bramsen, P. D. *Un Dios un mensaje: Descubre el ministerio, haz el viaje*. (Grand Rapids, Michigan. Trd. Carlos Tomás Knott. Editorial Portavoz. 2011).

Caine, Christine. *Inconmovible: Atrévete a responder al llamado de Dios.* Prologo por Max Lucado. (Miami, Florida. Editorial Vida. 2014).

Decreer, Cathleen. *Comey accuses Trump of 'lies, plain and simple'.* (Los Ángeles, California. Periódico Los Ángeles Time. Vienes 9 de junio de 2017). Latimes.com.

Dixon, Patrick. *Sida, la batalla continua.* (Miami, Florida. Editorial Unidita. 2010).

Diccionario bíblico Ilustrado Holman. Edición General: S. Leticia Calcada. Nashville, Tennessee. B&H Publishing Group en Español. 2008).

García-Consuegra Gonzáles, Jesús, Traductor. *El Evangelio Gnóstico de Tomas.* (Madrid, España. Editorial Creación.2013).

Globe. (New York. Revista popular. (ISSN 1094-6047). Publicación semanal por American Media, Inc. Vol. No. 26. Junio 26, 2017).

Grau, José. *Curso de Formación Teológica Evangélica. Tomo I. Introducción a la Teología.* Editorial Clie. Barcelona, España. 1990.

Hendriksen, Guillermo. *El Evangelio según San Mateo: Comentario al Nuevo Testamento.* Trd. Humberto Casanova. (Grand Rapids, Michigan. Distribuido por T.E.L.L. 1989).

Himnario Bautista. El Paso, Texas. Casa Bautista de Publicaciones. 1978.

Josefo, Flavio. *Antigüedades de los judíos: Tomo II.* (Terrassa (Barcelona), España. Editorial CLIE. 2004).

La Palabra de Dios viva y eficaz. *La Santa Biblia. Versión Popular.* (Nueva York. Sociedad Bíblica Americana, 1979).

La Opinión. (Los Ángeles, California. Periódico diario de noticias locales y extranjeras). Laopinion.com

La Antorcha de la verdad. (Costa Rica, C.A. Revista Cristiana bimensual. Editada en Apartado #15, Pital de San Carlos, Costa Rica).

Lloyd-Jones, D. Martyn. ¿Por qué lo permite Dios? Ataques terroristas, secuestros, guerras, hambre, incendios, sequías, terremotos, tornados, catástrofes. (Grand Rapids, Michigan. Editorial Portavoz. 1985).

Lasor, William Sanford, David Allan Hubbard y Frederic William Bush. Pagan, Samuel. *Conozca su Biblia: Isaías.* (Minneapolis, MN. Augsburg Fortress. 2007).

Macarthur, John. *Una Vida Perfecta: La historia completa del Señor Jesús.* (Estados Unidos. Grupo Nelson. www.gruponelson.com 2014).

Mayhue, Richard. *Desenmascaremos al Diablo: Estrategias bíblicas para vencer a Satanás.* Trd. Martha Restrepo. (Grand Rapids, Michigan. Editorial Portavoz. 2003).

Pagan, Samuel. *Introducción a la Biblia Hebrea.* (Viladecavalls (Barcelona), España. Editorial CLIE. 2012).

Pagán, Samuel. *Isaías: Serie: Conozca su Biblia.* (Minneapolis. Augsburg Fortress. 2007).

Panorama del Antiguo Testamento: Mensaje, forma y trasfondo del Antiguo Testamento. (Grand Rapids, Michigan. Libros Desafío. 2004).

Periódicos: *La Opinión, Los Ángeles Times, Unión San Diego y el New York Post: National Edition.*

Punton, Anne. *El Mundo que Jesús conoció.* (Grand Rapids, Michigan. Editorial Portavoz. 2004).

Purkiser, W. T., Redactor. C. E. Demaray. D. S. Metz y M. A. Stuneck. *Explorando el Antiguo Testamento.* Trd. Dardo Bruchez. (Kansas, City, Missouri. Casa Nazarena de Publicaciones. 1994).

Savage, Charlie. *Comey decries White House 'lies'.* (San Diego, California. Union-Tribune. Viernes 9 de junio de 2017).

Schultz, Marisa, Ruth Brown & Bob Fredericks. *The comey show.* (New York. USA. New York Post. Viernes 9 de junio de 2017). Nypody.com

Stanley, Charles. *Cada día en su presencia: 365 devocionales.* (Nashville, Tennessee. Editorial Vida.2016).

Stone, Perry. *La cabra de Judas: Cómo lidiar con las falsas amistades, la traición y la tentación de no perdonar.* (Lake Mary, Florida. Casa Creación. 2013).

Viola, Frank y George Barna. *Paganismo. ¿En tu cristianismo? Explora las raíces de las prácticas de la iglesia Cristiana.* (Miami, Florida. Editorial Vida. 2011.).

Viola, Frank. *El lugar favorito de Dios en la tierra.* Trd. Carlos Mauricio Páez García. (Bogotá, Colombia. Editorial desafío. www.editorialdesafio.com, 2015).

Vox: *Diccionario de la Lengua Española: ¡Aclamados los mejores diccionarios del mundo hispanoparlante!* (Estados Unidos de América. Mc Graw Hill. 2008).

Warren, Rick. *El poder de transformar su vida: Cómo obtener significado en lugar de mediocridad personal.* (Miami, Florida. Editorial Vida. 2000). www.editorialvida.com

White, Elena G. de. *Eventos de los Últimos Días.* (Miami, Florida. Asociación Publicadora Interamericana. 1992.

Yancey, Philip D. *La Oración*: ¿Hace alguna diferencia? Trd. Dr. Miguel Mesías. (Miami, Florida. Editorial Vida. 2014).

Zarembo, Alan, Ari Bloomekatz y Nicole Santa Cruz. Los Ángeles Times. (Los Ángeles, California. Sunday, July 17, 2011). latimes.com

Printed in the United States
by Bookmasters

Printed in the United States
By Bookmasters